킹덤 패밀리

킹덤 패밀리

지은이 | 애슐리 박
초판 발행 | 2013년 2월 27일
18쇄 발행 | 2023. 7. 6.
등록번호 | 제3-203호
등록된 곳 | 서울특별시 용산구 서빙고동 95번지
발행처 | 사단법인 두란노서원
영업부 | 2078-3333   FAX 080-749-3705
출판부 | 2078-3477

책 값은 뒤표지에 있습니다.
ISBN 978-89-531-1896-6 03230

편집부에서 독자의 의견을 기다립니다.
tpress@duranno.com   http://www.Duranno.com

두란노서원은 바울 사도가 3차 전도여행 때 에베소에서 성령 받은 제자들을 따로 세워 하나님의 말씀으로 양육하던 장소입니다. 사도행전 19장 8-20절의 정신에 따라 첫째 목회자를 돕는 사역과 평신도를 훈련시키는 사역, 둘째 세계선교(TIM)와 문서선교(단행본·잡지) 사역, 셋째 예수문화 및 경배와 찬양 사역, 그리고 가정·상담 사역 등을 감당하고 있습니다. 1980년 12월 22일에 창립된 두란노서원은 주님 오실 때까지 이 사역들을 계속할 것입니다.

킹덤 패밀리
KINGDOM FAMILY

애슐리 박 지음

두란노

차 례

제 1 부
킹덤 패밀리의 시작,
돕는 배필은 남편을 왕으로 만든다

제 2 부
킹덤 패밀리의 여정
십자가의 능력으로 킹덤 패밀리를 이루라

지금까지의 나의 삶을 되돌아보니 하나님은 참으로 놀라운 분이시라는 생각이 든다. 나는 원래 가정생활에 문외한인 사람이었다. 공부하는 것이 가장 재미있고 가치있다고 여겼고, 세상에서 큰 일을 하며 멋지게 살고 싶었다. 그러나 하나님은 뜻하지 않은 때에 나의 가장 약한 부분인 가정으로 나를 이끄셨고, 킹덤 패밀리(Kingdom Family)의 소명을 부어주셨다.

내가 킹덤 패밀리의 여정을 시작하게 된 계기는 뜻밖에도 팔십이 넘은 어머니의 죽음을 통해서다. 큰 슬픔에 잠겨 '엄마'의 인생에 대해 하나님께 질문을 드렸을 때 하나님은 한 알의 밀처럼 땅에 썩어져 온전히 썩어지는 엄마와 같은 인생을 기뻐하신다는 답을 주셨다. 그러면서 이렇게 초청하셨다.

"너의 남편을 왕처럼, 예수처럼 섬기지 않으련?"

주님의 이 한마디 질문과 함께 나의 삶에 혁명이 일어

나기 시작했다. 무슨 배짱으로 "예"라고 대답했을까. 아마
도 내 안에 계신 성령님의 소망이었던 것 같다.

이렇게 시작된 여정은 나와 우리 가정을 전혀 새로운
세계로 인도했다.

결혼하여 한 남자의 아내가 되고 아이들의 엄마가 된
다고 해서 저절로 사랑스러운 아내, 좋은 엄마가 되는 것
은 아닌가 보다. 아내로서 엄마로서 내 점수는 과연 얼마
나 될까?

가정생활에 관한 한 너무나 미숙했고, 가정에 대해서는
별 관심과 가치를 두지 않았던 나에게 지난 몇 년 동안 하
나님께서는 킹덤 패밀리, 즉 왕의 가정이 무엇인지, 이것을
이루기 위해서는 어떤 삶을 살아야 하는지에 대해 자세히
가르쳐 주셨다. 그 과정에서 수도 없이 넘어지고 좌절을
경험한 나는 주님께 하소연하곤 했다.

"왜 저예요? 저보다 더 잘 살아 내는 여인들이 얼마나

많은데…. 왜 하필 저한테 이런 삶을 살라고 하시나요?"

그런데 이것이 하나님이 즐겨 사용하시는 방법이란 것을 시간이 흐른 뒤에 깨달았다. 내 힘으로 감당할 수 없어서 골방에서 눈물로 기도하며 질문했더니 그때마다 주님께서 자상하게 대답해 주셨다.

마치 걸음마를 배우는 어린아이처럼 주님의 손에 붙들려 한 걸음 한 걸음 인도되어 간 곳은 아름다운 하나님의 동산이었다.

맑은 물소리와 지저귀는 새소리가 마치 음악처럼 흘러나오는 그곳에는 하나님께서 창조하신 두 사람이 있었다. 하나님께서 친히 그 두 사람을 남편과 아내라는 관계로 묶어 주시자 첫 가정이 탄생하였다. 하나님은 자신을 대신하여 온 땅을 정복하고 동산에 있는 모든 생물을 다스리는 사명을 그 가정에게 주셨다.

에덴동산, 그곳에서 하나님이 최초의 가정을 만드셨고,

그 가정이 곧 최초의 킹덤이다.

최초의 킹덤에는 하나님께서 남편과 아내에게 주신 각자의 역할이 있었고 지켜야 할 법이 있었다.

하나님께서 정해 놓으신 질서 가운데 있을 때, 킹덤은 가정이라는 공동체를 통하여 대대로 모든 사람에게 임할 것이었다. 그러나 선악과를 먹지 말라는 중요한 법을 어김으로 말미암아 하나님이 정해 놓으신 질서가 파괴되고 최초의 킹덤도 무너졌다. 사람은 본래의 정체성을 잃게 되었고 모든 피조물은 탄식하게 되었다.

킹덤 패밀리의 여정은 가정의 삶을 지혜롭게 살아 낸 현모양처의 결이 고운 비단 같은 이야기가 아니다. 오히려 자아와 치열하게 싸워야 했고, 수없이 실패하고 다시 시작해야만 했던 결이 거친 광목 같은 이야기다.

그 과정 속에서 선악과의 지식으로 가득 차 있는 나의 생각을 돌아보게 되었다. 하나님이 창조하신 본연의 모습

을 회복하고, 하나님의 질서로 킹덤 패밀리를 얻기 위해
서는 지식을 알게 하는 나무의 열매를 먹는 대신에 생명
나무의 열매, 즉 하나님의 말씀을 먹어야 한다는 것을 절
감했다.

결단을 하고서도 남편을 왕처럼 예수님처럼 섬기지 못
하는 자신에게 실망하고 낙담하면서도 순종의 자리로 계
속 나아갔더니 주님께서 기뻐하시며 놀라운 복을 부어 주
셨다.

하나님은 당신이 사람들과 어떤 관계를 맺기 원하시는
지 가정 안에서 보여 주고 계신다. 아버지와 자녀의 관계,
신랑과 신부의 관계로 말이다.

가정은 생명이 태어나는 곳이고, 관계를 통해 그가 어
떤 존재인지 정의해 주는 곳이다. 가정 안에 있는 놀라운
보화를 이제야 알아본 나는 모든 것을 드려서 이 보화를
얻기에 힘쓰고 있다.

주기도문의 "나라가 임하시오며"의 핵심에는 가정이 있다. 세상이 창조되었던 그 동산에서도 그랬고 앞으로도 동일할 것이다.

하나님이 말씀하신 질서가 통치하는 그 나라에 살기를 소망하는 나는 오늘도 순종의 자리로 나아가기 위해 온 힘을 다한다.

"너의 남편을 왕처럼, 예수처럼 섬기지 않으련?"

"예, 주님. 말씀대로 하겠습니다."

가정 안에 있는 보화들이 드러나길 소망한다. 가정을 통하여 부어 주길 원하시는 하나님 아버지의 축복, 그 평강과 기쁨과 권세가 세상 가운데 흘러넘치기를 소망한다.

2013년 2월

애슐리 박

저는 애슐리 박, 다니엘 박 부부를 15년 동안 알고 지내면서 그 가정이 성장해 오는 모습을 보아 왔습니다. 신혼 시절 애슐리는 남편인 다니엘과 이혼을 생각할 정도로 어려운 관계였는데 하나님의 은혜로 지금은 왕과 왕비처럼 행복하게 살면서 수많은 사람들에게 비전을 심어 주는 여성 지도자가 되었습니다.

이 책은 많은 도전과 비전을 제시하며 수많은 가정을 살릴 것입니다. 이 책의 출간을 축하하며 강력히 추천하는 바입니다.

• 박수웅 장로(《우리 사랑할까요?》 저자, 코스타 강사)

'한 여성이 변하면 세상이 변한다'는 말은 하나님께서 이 땅의 크리스천 여성들에게 주신 비전입니다. 저자는 바로 이 비전이 실제로 이루어져 감을 보여 주고 있는 살아 있는 모델입니다. 《킹덤 패밀리》는 성경적인 여성상을 회복한 한 여성이 어떻게 하나님 나라의 가정을 세워 가는지, 그 가정이 얼마나 아름다운지, 그 가정을 향한 하나님의 꿈이 얼마나 놀라운지를 보여 주고 있습니다. 또한 한 가정의 회복이 이 땅의 교회, 사회, 열방 가운데 점진적으로 하나님 나라의 확장을 이루어 감을 보며 한 여성으로서의 자부심과 큰 소망을 갖게 됩니다. "말씀대로 내게 이루어지이다"라고 고백한 순결한 처녀 마리아처럼 말씀대로 살기를 결단하고 애쓰는 저자의 모습이 거룩한 현대판 마리아로 와 닿습니다. 이 귀한 책을 기쁨으로 추천합니다.

• 이종실 목사(온누리교회 여성사역 본부장)

애슐리 박 사모님은 질곡같이 아픈 갈등의 세월 속에서도 한 치의 흐트러짐 없이 오히려 따뜻함을 가슴에 품고 이 시대의 가정에 하나님의 소리를 전하고 있습니다. 사모님의 귀한 책《킹덤 패밀리》가 두란노서원에서 출간하게 되어서 참으로 기쁩니다.

이 책은 주님을 만나서 말씀에 잡혀 치열하게 살아온 저자가 은혜와 갈등을 기막힌 절제와 가슴 서늘한 지혜로 이기고, 성령의 역사로 은혜의 피 묻은 복음을 전달하기에 읽는 모든 이들에게 감동과 치유와 회복과 생명을 선사할 것입니다.

• 임석순 목사(한국중앙교회 담임목사, 대신 총회신학교 총장)

나는 애슐리, 다니엘 두 사람을 그들의 만남부터 지켜보았습니다. 두 사람은 결혼 전 내게 인사를 하러 온 자리에서도 충돌했습니다.

"살다가 서로 의견이 충돌할 때는 어떻게 해야죠?"라는 형제의 질문에 "그땐 제 말을 따르면 되지요!"라고 숨 쉴 틈도 주지 않고 자매는 대답했습니다. 그렇게 시작한 결혼 생활은 정말 지옥이 따로 없었을 것입니다.

두 사람의 결혼 생활은 치열한 투쟁의 현장이었습니다. 그들이 투쟁의 현장에서 하나님의 법칙대로 변화되어 순종하는 삶을 살았기에 지금 그들은 우리 앞에 《킹덤 패밀리》라는 한 송이 꽃을 피어나게 하였습니다. 하나님이 만드신 작품이기에 하나님의 가족들에게 일독을 권합니다.

• 정근두 목사(울산교회 담임목사)

제1부

킹덤 패밀리의 시작,

돕는 배필은 남편을 왕으로 만든다

FAMILY

01

네 남편을 왕처럼,
예수처럼 섬기지 않으련?

뜻밖의 전화 한 통

"내가 진실로 진실로 너희에게 이르노니 한 알의 밀이
땅에 떨어져 죽지 아니하면 한 알 그대로 있고 죽으
면 많은 열매를 맺느니라"(요한복음 12:24).

"띠링띠링."

휴대전화가 울렸다. 이른 새벽에 누굴까? 해가 뜨려면
아직 몇 시간은 더 기다려야 한다. 아이들은 깊은 잠에 들

었는지 기척이 없었다. 손으로 더듬어 휴대전화를 찾았
다. 화면에 뜬 번호를 보니 한국에서 온 전화다.

"여보세요?"

"잘 지내니? 아이들은 학교에 잘 다니고 있지?"

"응, 언니. 여기는 아직 새벽인데, 이 시간에 언니가 웬
일로…?"

"엄마가…, 엄마가… 조금 전에 돌아가셨어."

"…."

둘째 언니가 비통한 소식을 최대한 침착하게 전하려고
애쓰는 게 느껴졌다. 평생에 한 번은 겪어야 할 일이었다.
언젠가는 이런 순간이 오리란 걸 알고 있었지만 막상 현
실로 닥치자 말 그대로 눈앞이 캄캄해졌다.

"언니, 나… 한국에 못 들어가. 지금 애들 아빠가 여행
중이라 애들만 두고 갈 수가 없어. 미안해."

"그래, 이해해. 여기 걱정은 하지 마. 우리가 알아서 할
게. 급하게 왔다가 서둘러 돌아가면 우리 마음도 좋지 않
아. 나중에 일정을 길게 잡을 수 있을 때 나와서 날씨 좋
은 날 엄마 찾아가면 되지 뭐. 괜찮아."

"응, 언니."

다른 사람도 아니고 엄마가 돌아가셨다. 그런 마당에

남편이 집에 없어서, 아이들을 학교에 보내야 해서 못 간다는 건 말이 안 된다. 모두 핑계다. 진짜 이유는, 차마 엄마의 장례식을 볼 용기가 없기 때문이었다.

팔순을 넘기셨으니 살 만큼 사셨다고, 그러니 호상(好喪)이라고 할지도 모른다. 그러나 내가 아는 엄마의 인생은 여한 없이 복을 누리며 잘 산 삶이 아니었다. 어린 시절부터 보아 왔던 엄마의 인생이 머릿속에서 주마등처럼 스쳐 지나갔다. 가슴이 아팠다.

남편은 그해 8월 말부터 절친한 믿음의 친구인 최준 박사와 함께 세계를 돌며 기도 여행을 하고 있었다. 주님의 초청이 있었기 때문이다. 하나님이 당신의 독생자를 내어 주기까지 사랑하신 이 세상을 두 남자에게 보여 주고 싶다고 초청하셨던 것이다.

4개월이 지난 12월 중순 무렵에 두 남자는 중앙아시아 어디쯤을 지나고 있었다. 기도 여행의 마지막 한 주를 남겨둔 상태였다. 크리스마스 다음 날 돌아올 예정이어서 2008년 겨울, 우리 가족은 오랜만에 집으로 돌아올 아빠와 함께 보낼 늦은 크리스마스를 기대하고 있었다.

그런데 남편이 집에 돌아오기도 전에 하나님은 내 엄마를 하늘로 데려가 버리셨다.

엄마는 왜 그렇게 살아?

엄마는 그야말로 전형적인 한국 여인이셨다. 오로지 남편과 자식들을 위해 사느라 자기 자신을 돌볼 줄 모르셨다. 게다가 딸만 여섯을 둔 죄인 아닌 죄인으로서 평생 큰소리 한번 치지 못하고 주눅 들어 사셨다. 자기 자신을 위해서는 동전 한 닢도 쓰지 못하셨다. 딸들이 어버이날 사다 드린 옷을 십수 년이 지나도록 새 옷처럼 아껴 입으셨고, 맛있는 반찬을 한 젓가락 떠서 엄마의 밥 위에 올려드리면 당신 입맛에는 안 맞아서 싫다며 기어이 반찬을 다시 그릇에 살며시 내려놓으셨다.

우리 집은 종갓집도 아닌데 친척들이 하루가 멀다 하고 찾아왔다. 없는 살림에도 불구하고 엄마가 늘 반갑게 맞이하며 따뜻한 밥을 대접하셨기 때문이다. 그 바람에 찬밥은 언제나 엄마 차지였다.

그런 엄마의 모습을 보면 참을 수 없을 만큼 화가 치밀어 올랐다.

"엄마, 제발 그렇게 살지 마!"

답답한 마음에 마치 훈계하듯 내뱉곤 했다. 나이 어린 딸이 인생을 곱절 이상 사신 엄마에게 인생교육이라도 시킬 태세였다. 하지만 그때마다 엄마는 늘 똑같은 표정으로 나를 물끄러미 쳐다보며 말씀하셨다.

"엄마는 이렇게 사는 게 행복한데, 왜 그래? 네가 뭘 안다고…."

그러나 내 눈에는 절대로 행복하게 보이지 않았다. 불합리한 삶을 살면서도 왜 바보같이 아무 말도 못하는지 답답하기만 했다. 도대체 엄마는 무엇을 위해, 누구를 위해 그렇게까지 인내하며 희생하는지 이해할 수가 없었다.

"나는 엄마처럼 살지 않을 거야!"

엄마 앞에서 수도 없이 부르짖었다. 그리고 엄마처럼 살지 않기 위해서 내가 할 수 있는 모든 노력을 기울이며 살아왔다.

어느새 날이 밝았다. 여느 날과 같이 분주한 아침을 보내고 아이들 학교로 향했다. 수업 도우미로 자원봉사 활동을 하는 동안 새벽녘에 받았던 둘째 언니의 전화는 마치 꿈결에 들은 소리처럼 아득해졌다.

그러나 저녁이 되자 초조해졌다.

'장례식에 참석하려면 오늘 밤에는 비행기를 타야 하는데…. 이 세상에서 엄마를 볼 수 있는 마지막 시간이잖아. 엄마….'

그리움이 복받쳐 올라왔다.

하나님, 엄마의 인생은 무슨 의미가 있는 거죠?

내게는 엄마의 마지막 모습을 보는 것보다 더 중요한 일이 있었다. 하나님께 엄마의 일생은 무엇이었는지가 미치도록 묻고 싶었던 것이다.

"하나님, 왜 엄마를 이 세상에 태어나게 하셨어요?"

"우리 엄마의 인생은 도대체 무슨 의미가 있는 거죠?"

하루 종일 질문이 끝없이 이어졌다. 하나님의 대답을 듣기 전에는 어떤 일도 할 수 없을 것 같았다. 엄마의 얼굴을 마지막으로 보는 것조차도 위로가 되지 않을 것 같았다.

다음 날 아이들을 학교에 보내고 혼자 방에 들어가 울며 부르짖었다. 한 여인의 팔십 평생이 파노라마처럼 머릿속에 펼쳐졌다. 늘 자신을 희생하며 가족을 섬겼던 여인, 늘 힘들게만 살아왔던 한 여인이 인생을 마감하고 이제 곧 한 줌의 재가 되어 세상과 작별하게 된다.

"도대체 우리 엄마의 인생은 무슨 의미가 있습니까?"

"무엇을 위해 일평생 자신을 희생하며 힘겹게 살아야 했나요?"

엄마의 발인(發靷)이 있던 토요일 오전, 같은 시각에 나는 미국에서 금요일 밤을 보내고 있었다. 복받쳐 오르는 슬픔을 주체하지 못해 교회로 달려갔다. 금요 철야 예배가 시작된 본당의 맨 뒤 구석 자리에 쓰러질 듯 앉아서 흐느껴 울었다.

"하나님, 대답해 주세요. 우리 엄마의 인생은 도대체 무슨 의미가 있었나요?"

찬양에 울음소리를 숨긴 채 한참 동안 부르짖고 나니 하나님께서 오랜 침묵을 깨고 엄중한 음성으로 나지막이 말씀하셨다.

"딸아, 너는 잘 산 인생이 무엇이라고 생각하느냐?"

"…"

"너는 자기 자신을 위하여 많은 것을 소유하고 누리면서 살아야 잘 산 인생이라고 생각하느냐? 네 엄마가 그렇게 살지 못했기 때문에 마음이 아파서 울고 있느냐?"

"…"

"진정으로 잘 살았다고 평가받는 인생이 어떤 것인지 네게 알려 주마. 그것은 바로 땅에 떨어져 썩어지는 한 알의 밀 같은 인생이란다. 온전히 썩어져 흔적도 없이 사라지는 그런 인생을 나는 잘 살았다고 평가한다. 그러므로 나는 네 엄마의 삶을 기쁘게 받노라."

그 순간 환상이 보였다. 하늘 문이 열리고 빛줄기가 쏟아져 내리는데 엄마가 그 가운데로 땅에서 하늘로 인도되는 것이었다.

"성령의 비가 내리네. 하늘의 문을 여소서.(Let it rain, Let it rain. Open the flood gates of heaven.)"

마침 〈성령의 비가 내리네(Let it rain)〉라는 찬양이 교회 안을 가득 메우고 있었다.

한 알의 밀 인생 그리고 킹덤 패밀리

하나님은 엄마의 팔십 평생을 한 알의 밀 인생이라고 불러 주셨다. 자녀를 위해 희생하느라 자신은 온데간데없이 사라져 버린 엄마의 인생이 한 알의 밀 인생이라면 그 썩어짐의 열매는 과연 무엇이란 말인가?

그 열매는 다름 아닌 자녀인 나 자신이라는 것을 깨달았다. 내가 바로 하늘나라로 올라가신 엄마의 상급인 것이다. 그러니 앞으로 남은 인생을 주님 안에서 더욱 잘 살아야겠다는 생각이 들었다. 우리 엄마의 희생이 헛되지 않도록 말이다.

하나님께서 엄마의 일생을 기쁘게 받으셨다는 사실에 감격하여 며칠 동안 예배와 감사 찬양을 올려 드렸다. 아이들이 학교에 가고 나면 혼자 골방에 들어가 찬양하고 말씀을 묵상하고 또 묵상하며 하루를 보냈다.

무엇보다도 하나님이 얼마나 좋으신 분인지를 알게 되어 기쁘고 감사했다. 주님은 영혼을 구원할 능력이 있을 뿐 아니라 살아온 인생에 대해 정의롭게 판결하시는 분이다.

나의 엄마는 인생의 대부분의 시간을 예수님을 모른 채 사셨다. 그러다가 칠순 무렵 세례를 받으셨다. 세례를 받고 난 후에 병환으로 몸이 불편하여 집 밖을 다니실 상황이 못 되자 엄마는 늘 집에서 혼자 기도하고 예배를 드리시곤 했다.

세례를 받았어도 교회 생활은 거의 해 본 적이 없는 한 여인의 인생을 하나님께서는 처음부터 끝까지 모두 지켜보고 계셨고, 그 인생에 대하여 공의로운 판단을 해 주셨다. 주님의 공의로운 재판은 늘 사랑과 자비가 풍성하다.

이 일을 계기로 주님의 존재가 더 이상 피상에 머물지 않고 마음 깊은 곳에서 실제로 느껴졌다. 나는 주님을 매일 묵상하며 찬양으로 높여 드렸다. 골방에서 주님을 묵상하고 찬양하고 예배할수록 주님에 대한 사랑이 더욱 커져만 갔다.

"온 세상이 주님을 알았으면 좋겠어요. 당신이 얼마나 위대한 분이신지, 당신이 얼마나 우리를 사랑하시는지 온 세상 사람들이 다 알았으면 좋겠어요."

내 마음속에 주님이 당신 자신을 점점 더 또렷하게 드러내 주셨다. 묵상 중에 피범벅이 된 채 십자가에 매달려 계신 예수님 앞에 섰다. 그분의 눈에는 죄인인 나를 향한 형언할 수 없는 사랑이 담겨 있었다.

"주님, 왜요…. 무엇 때문에 이런 고초를 당하셨나요."

연약하고 순결한 어린양의 모습으로 십자가에 매달리신 주님을 바라보고 있는데, 그 안에 주님의 본래 모습이 드러나기 시작했다.

예수 그리스도는 온 세상을 다스리는 권세를 가진 만왕의 왕이요 만유의 주이시다. 다시 세상에 오실 때는 어린양이 아닌 유다의 사자 모습으로 오실 것이라고 했다. 주님이 다시 오실 때 온 세상이 하늘과 땅의 모든 권세가 그분에게 있음을 알게 될 것이다.

이 사실이 나를 전율케 했다.

"주님, 다시 오실 때는 왕으로 오시죠? 어서 오세요, 주님. 온 세상이 당신이 왕인 것을 알게 해 주세요. 제가 주님을 위해 무엇을 하면 좋을까요? 제 모든 것을 드립니다. 제 삶을 드립니다. 주님, 당신은 나의 왕이십니다. 주님은 나의 신랑이십니다."

골방에서 눈물범벅이 되어 주님께 고백했다.

"내가 너의 고백을 기쁘게 받는다. 그런데 그 고백을 네 남편에게도 해 주지 않으련? 네 남편을 왕처럼, 예수처럼 섬기지 않으련?"

"오, 주님. 그렇게 하겠습니다. 주님 말씀이신데 당연히 순종해야죠. 이제부터 제 남편을 왕처럼, 신랑 예수처럼 섬기겠습니다!"

주님의 음성에 즉각적으로 순종했다.

남편이 글로벌 기도 여행을 마치고 돌아올 때까지 아직 한 주 정도의 시간이 남아 있었다. 나는 그 어느 때보다도 더 간절히 남편이 어서 돌아오기를 손꼽아 기다렸다.

'나의 남편, 다니엘. 당신을 왕처럼 섬기겠어요. 예수님처럼 섬기겠어요.'

순종하고 결단한 그 순간, 남편에 대한 생각이 완전히 달라졌다. 남편이 변한 것도 아닌데 그가 얼마나 존귀하고 멋진 사람인지 새삼 깨달아지기 시작했다. 내가 그런

훌륭한 남편의 아내라는 걸 왜 미처 몰랐는지 의아하기까지 했다. 하나님은 남편에 대한 내 마음과 생각을 한순간에 바꿔 놓으셨다.

이렇듯 몸부림치듯 던진 질문에 하나님은 성실하게 대답해 주셨고, 더 나아가 새로운 여정으로 나를 인도해 주셨다.

02
/
이 사람이
너의 짝이란다

더 큰 세계를 향하여

나는 딸만 여섯인 딸부자 집에서 다섯째로 태어났다.
엄마는 아들 하나 낳지 못한 죄인이 되어 스스로 평생 주
눅 들어 사셨지만 내가 알기로 아버지는 한 번도 섭섭함
을 드러내신 적이 없었다.

그러나 나는 자라는 내내 알 수 없는 답답함에 시달려
야 했다. 그것은 어쩌면 한국 사회와 시대가 준 답답함이
었는지도 모른다.

누가 대놓고 못 살게 굴거나 억압한 것도 아닌데 나는 늘 남자들에게 지지 않으려고 노력했고 스스로를 방어할 수 있는 힘을 기르기 위해 애썼다.

많은 사람들이 공부를 싫어하는데 나는 공부가 재미있고 즐거웠다. 내게 힘을 주는 것은 오로지 공부뿐이라고 생각해서 열심히 공부한 덕분에 서울대학교 공과대학에 입학했다. 그러나 가슴은 여전히 답답했다.

대학교를 졸업할 즈음 예수님을 인격적으로 만났는데 그 뒤로 3년쯤 흐른 뒤부터 무언가 더 큰 세계가 나를 부르고 있다는 느낌이 들기 시작했다.

내가 기도하면 들어주실 분이 있다는 믿음에 담대함을 가지고 기도하기 시작했다.

"하나님, 더 큰 세상을 보고 싶습니다. 저를 미국에 보내 주세요."

그리고 서원 기도를 드렸다.

"세상을 변화시키는 사람이 되겠습니다. 하나님 보시기에 더 나은 세상을 만드는 데에 쓰임 받고 싶습니다. 그러니 미국 가는 길을 열어 주세요."

가정 형편상 딸을 유학 보내는 건 꿈도 꿀 수 없었던 부모님은 근심에 싸이셨다. 그러나 나는 하나님이 도와주신다면 이루지 못할 일이 없다는 믿음이 있었기 때문에 담대하게 선포했다.

"엄마, 등록금 걱정은 하지 마. 하나님이 준비해 주실거야. 걱정 끼쳐 드리지 않을게. 믿고 보내 줘요. 응?"

이미 내 마음은 태평양을 건너 저 멀리 날아가고 있었다.

하나님께서 나의 간절한 기도에 응답해 주셨다. 미시간 대학교에서 입학 허가가 난 것이다. 장학금까지 받게 되어 학비 걱정 없이 떠날 수 있게 되었다. 가족과 친지들은 모두 내가 열심히 노력해서 얻은 결과라며 칭찬을 아끼지 않았지만 나는 알고 있었다. 이 모든 것이 하나님의 은혜라는 것을.

1992년 8월, 김포공항에서 아버지와 동생의 배웅을 받으면서 미국행 비행기에 올랐다.

미시간 주의 앤아버(Ann Arbor)는 마음을 빼앗길 만한 유흥거리도 없고 정신이 산란해질 만큼 소란스럽지도 않은 작고 조용한 대학 도시였다. 공부하기에 딱 좋은 환경이었다. 나는 5년 안에 박사 학위를 마칠 요량으로 계획을 세우고 열심히 공부했다.

수요일과 주일에 교회 가는 것을 빼고는 강의실과 기숙사만 오가는 단순한 삶을 살았다. 단순한 만큼 중요한 일에만 집중할 수 있어서 좋았다. 하루하루가 만족스러웠고 감사했다. 세계 여러 나라에서 온 우수한 학생들과 어깨를 나란히 하고 공부한다는 사실만으로도 늘 감사했다.

이른 아침 알람 소리에 눈을 떠서 내가 미국 대학의 기숙사에 누워 있는 걸 확인할 때마다 뭉클할 정도로 감사함이 올라왔다. 늦은 밤 도서관을 나와 기숙사로 돌아가는 길에는 그날 하루가 그저 감사해서 울컥하곤 했다.

좋은 사람 소개시켜 줄게요

1년 반쯤 지나 기말고사가 한창이던 12월이었다. 목사님과 사모님이 조용히 할 얘기가 있다고 해서 만났는데 어떤 청년에 대한 이야기를 조심스럽게 꺼내시는 것이었다.

깔끔한 용모에 말수가 적은 남학생 정도로만 알던 사람이었다. 어릴 때 이민 온 1.5세대로서 의대 졸업반인데 신실한 믿음을 가진 아주 괜찮은 청년이라고 했다.

"이름은 다니엘 박이에요. 자매님, 한번 만나 보면 어떻겠어요?"

'오, 노(Oh, No)'

속으로는 단호하게 '노'를 외쳤다. 이성에 대한 관심이 없었을 뿐만 아니라 결혼 자체에 흥미가 전혀 없었기 때문이다. 만약에 한다고 해도 박사 학위를 받고 나면 생각해 볼 일이었고, 평생 독신으로 살아도 괜찮다고 생각했다.

게다가 다른 사람도 아니고 그 청년이라니…. 그는 늘 색깔을 맞추어 깔끔하게 옷을 입고 다녔고, 정성 들여 손질한 듯 머리매무새도 언제나 단정했다.

나는 그가 어떤 사람일까 잠시 상상해 보았다.

'혹시 거울 앞에서 시간을 보내는 사람은 아닐까? 게다가 어렸을 때 이민 온 교포잖아!'

20대 후반까지 한국에서 살았던 나와 미국 교포와의 만남이 어쩐지 안 어울린다는 생각이 들었다. 그는 내 이상형과는 거리가 멀어도 한참 먼 타입의 사람이었다. 그에 대해 아는 건 별로 없었지만 선입견으로 고개가 절로 저어졌다.

그러나 조심스럽게 말을 꺼내신 두 분에게 무례하게 굴고 싶지는 않았다. 일단 생각해 보겠다는 말로 시간을 벌기로 했다. 기말고사 준비로 마음이 분주했기 때문에 쓸데없는 일에 시간을 낭비하고 싶지도 않았다. 어떻게 하면 정중하게 거절할 수 있을지는, 시험이 끝나고 한가해지면 그때 고민하기로 했다.

그런데 며칠 후 사모님에게서 전화가 왔다. 그 청년이 내 전화번호를 묻는데 알려 주어도 괜찮겠느냐고 물으셨다. '전화 통화쯤이야…' 하는 생각에 괜찮다고 허락했다.

도서관에 가려고 나서는데 그에게서 전화가 왔다.

"할 얘기가 있어요. 내게 한 시간만 내어 줄래요?"

기말고사 중이어서 망설였다.

"시간 많이 뺏지 않을게요. 딱 한 시간이면 돼요. 나랑 커피 한 잔 하지 않을래요?"

책상 위에 읽어야 할 책이 쌓여 있었지만 '딱 한 시간'만 시간을 내기로 했다.

커피를 마시기 위해 여기저기 다녔는데 하나같이 시험 공부하는 학생들로 자리가 없었다. 우리는 할 수 없이 공원으로 향했다. 오리 떼가 노니는 호숫가 벤치에 앉았다.

불쑥 그가 "이런 말을 해도 될까요?" 하고 물었다. 의아한 표정으로 물끄러미 쳐다보자 그가 다시 물었다.

"제가 기도해도 될까요?"

나와 함께 이 길을 가지 않으련?

기도해도 되겠느냐는 말에 내심 당황하면서도 고개를 끄덕였다. 그는 주님께서 우리가 만나는 시간을 주관해 주시기를 기도했다.

'예의상 잠깐 얘기나 나누려고 한 건데, 왜 이렇게 심각한 거야?'

기도를 마친 그는 벤치에 앉은 내 앞에 선 채로 자기가 어떻게 살아왔으며 어떻게 예수님을 인격적으로 만났는지 이야기하기 시작했다. 그리고 앞으로 어떤 비전을 가지고 주님을 위해 살 것인지 조목조목 설명했다. 한 시간 동안 자기의 지나온 삶과 앞으로 하나님과 동행하며 하고 싶은 많은 일들에 대해 들려주었다.

그러더니 조심스러운 눈빛으로 물었다.

"나와 함께 이 길을 가지 않겠어요?(Would you come with me?)"

당황스러웠다. 무슨 말을 해야 할지 몰라서 머뭇거리고 있는데 "딩동-" 신호가 왔다. 하나님께서 내가 잊고 있던 기억을 떠올리게 하셨다.

주님을 영접한 지 얼마 안 되었을 때 주변에서 결혼 기도에 대한 조언을 많이 해 주었지만 어떻게 기도해야 할지 막막하기만 했다.

그때 하나님께 한 가지 제안을 드렸었다.

"배우자에 대해서는 하나님께 다 맡길 테니 예비하신 신랑감이 내 앞에 나타났을 때 '바로 이 사람'이라는 확실한 신호를 주세요. 그렇게 해 주신다면 그가 어떤 사람이든지 상관없이 순종하겠습니다."

주님께 이렇게 약속한 다음에는 더 이상 결혼 고민을 하지 않고 공부에만 집중했다.

그런데 바로 그 순간 "딩동~" 신호가 왔고 하나님의 음성이 들려온 것이다.

"이 청년이 열정적으로 설명한 꿈은 바로 나의 꿈이란다. 그의 인생을 통해 이루고자 하는 나의 꿈이지. 나와 함께 이 길을 가지 않으련?"

'오, 주님. 물론이죠. 당신과 함께라면 어떤 길이라도 가겠습니다.'

마음속에서는 이미 하나님께 대답을 드렸다.

그런데 내 앞에 서 있는 이 청년에 대해서 아는 게 너무 없다는 생각에 잠시 주저했다. 한 시간 동안 그가 쏟아낸 이야기가 내가 아는 전부이지 않은가. 결혼은 인류지대사 (人倫之大事)라는데 이렇게 성급하게 결정해도 될까 하는 의구심이 들었다.

'조금만 시간을 달라고 할까? 서너 달 교제해 본 후에 결정하자고 할까?'

불과 몇 초 사이에 수많은 생각들이 머릿속을 맴돌았다. 그러다가 한순간에 멈췄다.

"나와 함께 이 길을 가지 않겠어요?"

"나와 함께 이 길을 가지 않으련?"

하나님께서 그를 통해 나를 초청하고 계셨다. 그가 어떤 사람이고 어떤 배경을 가졌는지를 아는 것보다 하나님께서 그를 내 앞에 세우셨다는 사실이 더 중요하다는 걸 깨달았다.

그에 대해 많은 걸 안다고 해서 달라질 게 뭐가 있단 말인가. 그래서 나는 그에게 두어 가지 질문을 하고 나서 곧바로 "예스" 하고 답했다.

"다니엘, 당신과 함께 가겠어요."

"하나님, 당신과 함께 이 길을 가겠습니다."

03
/
아무래도
결혼을 잘못한 것 같아요

뼈 중의 뼈, 살 중의 살

하나님께서는 뜻하지 않은 때에 나를 가정으로 초청하셨다. 계획에 없었던 일이지만 나를 나보다 더 잘 아시는 주님이 가장 좋은 때에 가장 좋은 사람을 보내 주셨으리라는 믿음만으로도 가슴 벅찼다. 믿음의 사람을 만나 하나님의 가정을 이룬다는 사실이 무엇보다도 감사했다. 불신 가정에서 혼자 믿음 생활을 하면서 겪어야 했던 가치관의 충돌과 혼란을 내 아이들만큼은 겪지 않아도 된다는 생각에 안심이 되었다.

공원에서의 첫 데이트 이후 다니엘과 나는 함께할 미래에 대한 꿈으로 부풀어 있었다. 하나님의 특별한 섭리 안에서 만난 커플인 만큼 우리의 관심은 서로에게 부어 주시는 하나님의 비전에 있었다.

"하나님의 꿈을 위하여 두 사람이 만나 가정을 이루고 한마음 한 몸이 되어 그 꿈을 이루어 나간다!"

생각만 해도 가슴이 두근거렸다.

그에 대해 아는 게 별로 없었던 나는 대화를 통해 그가 하나님을 전심으로 사랑하고 있음을 느꼈다. 하나님이 말씀하시면 그 어떤 어려운 상황이라도 순종할 준비가 되어 있는 신실한 믿음의 사람이었다. 그는 상황에 따라 움직이는 사람이 아니라 하나님의 말씀을 늘 우선에 두고 행동하는, 그런 사람이었다.

다니엘은 의대 졸업반이 되는 1993년 초부터 배우자를 위해 세 가지 기도 제목을 놓고 기도했다고 한다.

"하나님, 올해 안에 아내될 사람을 만나게 해 주세요. 훌륭한(wonderful) 여인을 만나게 해 주세요. 이왕이면 아름다운(beautiful) 아내를 얻게 해 주세요."

교회에서 우연히 나를 본 순간 그의 가슴이 뛰며 "내

뼈 중의 뼈요 살 중의 살이라"(창 2:23)라는 고백이 저절로
나왔다고 한다. 그가 먼저 나를 알아본 것이다.

이건 분명히 악몽일 거야

그러나 달콤한 시간은 그리 오래가지 않았다. 만난 지
한 달쯤 지나자 서로에게 감탄하기보다는 적잖이 실망하
기 시작했다.

"어떻게 크리스천이 공부만 하면서 삽니까?"

교회 가는 시간을 빼면 늘 학교에 가서 공부만 하는 나
의 모습이 그의 눈에는 이상하게 보였나 보다. 그는 이 말
을 자주 하기 시작했다. 하나님을 사랑한다면 사람들 가
운데서 그들을 사랑하고 섬기고 축복하는 것이 믿는 자의
삶이라고 믿고 있는 그에게 그저 공부만 하고 있는 약혼
자의 모습은 이해불가요 답답하기 그지없는 일이었다. 그
래서 자신이 믿고 있는 크리스천의 올바른 삶에 대해 내
게 알려 주려 노력했다.

'나도 하나님을 사랑하는데…. 나에게는 공부 열심히
하는 것이 그 사랑의 표현인데….'

내 마음과 계획을 누구에겐가 설명하고 이해시켜야 한

다는 것이 기가 막혔다. 그는 틈만 나면 나에게 어떻게 사는 것이 크리스천의 바른 삶인지 강의하기 시작했다. 나는 그런 그의 모습에 당황스러움을 감출 수가 없었다.

'내가 이러려고 결혼한다고 한 게 아닌데….'

머리가 떵해지기 시작했다. 예수님을 영접하고 난 후 나도 나름대로 하나님의 뜻을 찾으며 믿음으로 성실하게 살아왔고, 기도하며 심사숙고한 끝에 미국 유학길에 오른 것이다. 그리고 이것이 하나님이 인도하신 길이라는 것을 알기에 최선을 다해 살고 있는 중이었다. 예상치 않은 시기에 하나님의 간섭하심으로 결혼을 결정하게 되었지만, 그것이 약혼자가 내 인생을 새로 마음껏 설계해도 좋다는 뜻은 전혀 아니었다.

뿐만 아니라 언어와 문화의 차이도 컸다. 우리는 대화를 오래 하지 못하고 사사건건 부딪혔다. 다른 생각, 다른 느낌, 다른 감정으로 각자 다른 이야기를 했다. 실마리를 찾지 못한 채 대화는 계속 엉클어졌고 날로 갈등이 커져 갔다. 공원에서 처음 이야기를 나눴을 때의 감격은 어느새 사라져 갔다.

공부에 집중할 수 없을 정도로 몸과 마음이 지쳐 갔다. 어디에서부터 어떻게 풀어야 될지 모르는 답답한 마음을 안고 깜깜한 밤하늘을 올려다보며 혼자 중얼거리곤 했다.

"지금 악몽을 꾸고 있는 걸 거야. 내일 아침, 이 악몽에서 깨어날 수만 있다면…."

그러나 다음날이면 어김없이 악몽 같은 하루가 시작되었다. 내가 처한 현실이 너무나 견디기 힘들었다. '이런 상태로 결혼하느니 차라리 파혼하는 게 현명하지 않을까?' 하는 생각이 머릿속에서 맴돌았다. 차라리 다니엘이 먼저 파혼하자고 해 주기를 바라기도 했다.

그러나 그날 공원에서 다니엘에게 "당신과 함께 이 길을 가겠다"고 한 약속은 사람에게 한 것이 아니라 하나님께 드린 것이고, 단순히 한 남자의 프러포즈를 받아들인 게 아니라 신실하신 하나님의 초청을 받아들인 것이니 함부로 무를 수 없다는 것을 잘 알고 있었다. 그래서 어떻게든 약속을 지키기로 했다. 나중에 알고 보니 그도 나와 똑같은 심정이었다고 한다.

다니엘과 나는 1994년 11월 추수감사절 연휴 동안에 한국에서 결혼식을 올리기로 했다. 하나님 앞에서 한 약속을 지키기 위해 결혼식을 강행하기로 한 것이다. 언니들이 결혼 준비를 도맡아서 해 주었다. 나는 결혼식 일주일 전에 귀국해서 드레스를 고르기로 하고, 다니엘과 그의 가족은 이틀 전에 귀국해서 상견례를 하기로 했다.

결혼하는 날까지 내내 마음이 불편했다.

"정말 이대로 결혼해도 괜찮을까? 나와는 너무 다른 이 사람과 한평생을 살 수 있을까?"

내 마음은 계속 '노'를 외치는데 하나님은 단호하게 '예스'라고 말씀하셨다. 그대로 시간이 멈춰서 결혼식 날이 오지 않았으면 좋겠다고 생각했다.

그러나 결혼식은 예정대로 순조롭게 진행되었다. 정근 두 목사님이 주례를 맡아 주셨고 많은 분들이 참석하여 축하해 주었다.

목사님의 결혼 서약 질문에 다니엘이 "예"라고 대답하는 동안에 나는 하나님께 마지막으로 내 마음을 솔직하게 고백했다.

'주님과 한 약속을 지키기 위해 여기까지 왔습니다. 이 것으로 제 할 몫은 다한 셈입니다. 주님, 결혼 서약을 할 힘과 능력이 제게는 없습니다. 제 입술로 '예'라고 대답은 하겠지만 책임은 주님이 져 주셔야 해요. 이제부터는 정말 주님 책임이십니다.'

나는 여전히 악몽을 꾸는 기분이었다.

여기가 지옥이다

미시간 대학 병원 정신과에서 레지던트 과정을 시작한 남편과 한창 힘든 박사 과정을 지나고 있던 나는 둘이 함께 살아야 하는 전혀 새로운 환경에 들어섰다.

그러나 결혼한 이후에도 상황은 나아지지 않았다.

다니엘과 나는 각자 혼자 살 때는 아무 어려움 없이 잘 살았던 사람들이다. 두 사람 다 언제나 옳은 판단과 바른 행동을 한다고 칭찬받으며 자랐다. 곁길로 가지도 않았고, 성실하게 꿈을 이루며 모범적으로 살았다.

그런데 이런 두 사람이 막상 한 가정을 이루자 누가 옳고 그른지 판단할 수가 없었다. 우리는 서로 자기가 옳음을 논리적으로 설득시키려 애썼다. 각자 옳다고 여기는 삶의 방식이 참으로 달랐다. 평생을 함께 살아가야 하는 부부인데 계속 엇나가기만 하니 참으로 안타까웠다.

남편은 안타까운 마음으로 나와 대화를 하려고 애썼지만 그의 모습은 대화라기보다는 일방적으로 나를 설득하기 위한 노력으로 보일 때가 많았다. 그러면 나는 어느새 '침묵의 자유(Freedom of Silence)' 속으로 빠져들어 갔다. '침묵이 금'이라는 것을 알 리 없는 남편은 미국에 살면서 몸에 익은 '말할 자유(Freedom of Speech)'를 발동하여 더욱 열변을 토했다. 그의 설득을 더이상 참고 들을 수 없을 지경이 되면 나는 수면제를 입에 털어 넣고는 잠을 청하곤 했다. 그것이 남편의 목소리로부터 벗어날 수 있는 유일한 방법 같았다.

우리 가정을 통해 이루실 하나님의 꿈을 기대하며 설레던 시간은 말 그대로 꿈처럼 지나가 버렸다. 하나님의 길을 가기는커녕 낙오되지 않으려고 안간힘을 써야 했다.

사소한 문제부터 큰 일까지 온통 갈등이 연속되자 죽을 것처럼 힘들었다. 다시 혼자가 될 수만 있다면 무엇을 해도 괜찮을 것 같았다.

'이 남자와 함께 살지 않아도 된다면!'

나는 '이혼'이라는 단어를 계속해서 곱씹으며 이혼하고 나서 펼쳐질 자유로운 삶을 상상했다.

그러나 단지 상상에 그칠 뿐이었다. 하나님께서 우리두 사람을 갈라놓으시기 전에 내가 먼저 갈라서자고 나설 수는 없었다.

내 마음을 알았는지 다니엘은 틈만 나면 이렇게 말했다.

"이혼은 선택 사항이 아니야!(Divorce is not an option!)"

아무리 힘들어도 이혼을 해결책으로 삼지는 말자는 뜻이었다.

그래서 그때부터 이혼 대신에 '죽음'을 묵상하기 시작했다. 자동차가 갑자기 나를 덮쳤으면 좋겠다고 생각했다.

'오늘로 내 인생이 끝나서 내일을 살지 않아도 된다면!'

문득 이게 바로 지옥이라는 생각이 들었다. 가 본 적은 없지만 지옥은 이런 곳임에 틀림없었다.

다니엘과 내가 만든 가정이 지옥이 되었다. 지옥에서 일이 년을 살다 보니 결국 우울증에 빠져 버렸다. 웃음을 잃고 삶의 의미도 목적도 다 잃었다. 거울 속의 낯선 여자가 공허한 눈빛으로 나를 쳐다봤다. 영적으로도 침체 상태에 들어갔다.

'남편 한 사람도 받아들이지 못하고 사랑하지 못하는 내가 어떻게 감히 하나님 앞에 나아갈까.'

기도조차 할 수 없었다.

그런 나를 바라보는 정신과 의사인 남편, 그의 마음은 얼마나 절망적이었을까? 그는 자신이 배운 의학 지식을 나에게 적용해 보려 하였지만, 그런 남편의 모습을 보면 볼수록 내 마음은 더욱 멀어져 갔고 대화의 문은 닫혔다. 결국 우리에겐 허니문이 없었다.

계속되는 갈등으로 결국 나는 박사 과정을 포기했고 다니엘은 레지던트 4년 과정을 5년 만에야 마칠 수 있었다.

남편 하나 잘못 만난 탓에 인생 전체가 망가졌다는 생각이 들었다. 악몽 같은 현실이 모두 남편 탓만 같았다. 그렇게도 좋아하던 공부를 포기해야만 했을 때, 내 가슴은 남편에 대한 분노로 타들어 갔다.

'저 남자 때문에….'

남편을 향한 원망과 미움이 가득했지만 사람들 앞에서는 아무 내색도 하지 않았다. 내가 박사 과정을 그만두게 되었다는 소식을 들은 사람들은 '새댁이 공부하랴 살림하랴 얼마나 힘들었겠느냐'며 안쓰러워했고, 한국의 가족은 공부를 끝까지 마치지 못하게 된 것을 안타까워했다. 난 오히려 밝은 얼굴로 박사 학위가 없어도 충분히 의미 있는 삶을 살고 있다고 그들을 위로하곤 했다.

그러나 내면 깊숙한 곳에서는 남편을 향한 분노가 용암처럼 끓고 있었다. 가끔씩 용암이 분출될 때마다 남편과 나 사이의 골은 조금씩 더 벌어지고 깊어져만 갔다.

다니엘과 나는 사사건건 부딪혔지만 교회만큼은 한마음으로 섬겼다. 우울하고 힘든 생활 속에서도 하나님을 향한 열정은 식을 줄 몰랐다. 작은 신혼 아파트는 늘 교회 청년들로 북적였고, 속사정을 알 리 없는 청년들은 우리의 결혼 생활을 부러워했다.

"나도 결혼하면 언니네 가정처럼 살고 싶어요."

남편을 미워하면서도 평생 함께 살아야 한다고 생각하니 더더욱 암담했다.

내 앞에는 아무 소망도 해결책도 없었다.

숨겨 두었던 내 마음의 우상

결혼한 지 3년쯤 되었을 때부터 남편이 달라지기 시작했다. 다투고 나면 슬그머니 사라졌다가 잠시 후에 돌아와서는 내게 사과하며 용서를 구했다.

"허니, 아이 엠 쏘리.(Honey, I am sorry)"

한두 번 하고 말겠지 했는데 매번 같은 일이 반복되었다. 언제나 자신이 옳다고 주장하던 사람이, 내 잘못을 조목조목 지적하며 따지던 사람이 무조건 자기가 먼저 잘못했다고 사과하기 시작한 것이다.

남편은 어려서부터 부모님의 불화로 인해 가정에 대한 소망을 키워 왔다고 한다. 그 무엇보다 행복한 가정을 이루며 사는 것이 그의 가장 큰 소망이었다. 그리고 아내를 이 세상에서 제일 행복한 여자로 만들어 주고 싶어 했다.

그런데 하나님의 인도하심으로 결혼했건만, 예상과 전

혀 다르게 많은 어려움을 겪게 되자 그는 이제 또다시 기도하지 않을 수 없었다.

"제 아내를 변화시켜 주세요."

배우자를 위해 기도하던 때보다 더욱 열심히 기도하기 시작했다. 그런데 하나님은 아내를 변화시키는 대신 그에게 아내를 더욱 사랑하라고 말씀하셨다.

"남편들아 아내 사랑하기를 그리스도께서 교회를 사
랑하시고 그 교회를 위하여 자신을 주심 같이 하라"
(에베소서 5:25).

남편은 자기가 아내 한 사람도 사랑하지 못한다는 사실을 깨닫고 마음이 무너져 내렸다. 그래서 다시 기도하기 시작했다.

"하나님, 제게 사랑을 가르쳐 주세요."

그 이후 남편은 내게 미안하다는 말을 자주 하기 시작했다. 때로는 말로 다 표현 못한 안타깝고 미안한 마음을 카드에 적어 장미꽃 한 송이와 함께 건네주기도 했다.

그전에는 남편이 단 한 번만이라도 진심으로 자기의 잘못을 인정하고 내게 사과한다면 원이 없겠다고 생각했었다. 그런데 한 번이 아니라 매번 사과를 받는데도 불구하고 이상하게 속이 후련해지지 않았다. 남편이 변하면 편해질 줄 알았는데 내 마음은 여전히 불편했다.

그렇게 다시 1년이 지나고 2년이 지났다.

결혼 5년차에 접어든 1998년 가을, 어느 집회에 참석했다가 내 마음을 강하게 움직이는 간증을 듣게 되었다.

미국의 영적대각성운동(Jesus Awakening Movement for America/All Nations: JAMA)을 시작하고, 미국의 부흥을 위해 한국계 이민 교회가 기도할 사명이 있음을 선포하고 다니셨던 김춘근 장로님의 간증이었다. 그는 가장 절망 가운데 기도하던 중 주님을 다시 대면하게 되자 그 은혜에 감격하여 그동안 그의 삶 가운데 있었던 모든 죄악들을 낱낱이 고백하기 시작했는데, 하나님 앞에서만 회개한 것이 아니라 자신의 잘못을 몇 십 장의 종이에 빼곡히 써서는 잘못을 저질렀던 상대를 직접 찾아다니며 용서를 구했다고 한다.

한구석에 앉아 간증을 듣던 내 마음속에 '회개'라는 글자가 머리 위로 떠올랐다. 딱히 무엇을 회개해야 할지는 몰랐지만 저 두 글자를 꼭 붙잡아야겠다는 생각이 들었다. 회개하면 새 생명의 길이 열릴 것이라는 확신이 든 것이다. 그래서 집회에서 돌아오자마자 혼자 방에 앉아 기도하기 시작했다.

"주님, 회개하고 싶습니다. 무엇을 회개해야 할지 알려 주십시오."

주님이 곧 대답해 주셨다.

"나는 네게 첫 번째이기를 원한다. 그런데 너는 내게 두 번째 자리만 내어 주는구나."

주님은 내 마음속의 첫 번째 자리와 두 번째 자리가 뒤바뀌었음을 지적하셨다.

나는 하나님을 저 밑바닥 자리로 내몬 적이 없다. 대학 4학년 때 하나님을 믿기 시작하면서부터 늘 학교 아니면 교회에서 생활할 정도로 믿음의 열정이 넘쳤다. 시험 기간이라도 예배나 성경 공부를 소홀히 한 적이 없었고, 지갑이 아무리 얇아도 십일조와 헌금을 빠뜨린 적도 없었다. 오죽하면 유학 생활 중에도 장학금을 받으면 제일 먼저 십일조부터 떼어 냈을까. 돈이든 시간이든 하나님께 드리는 것이라면 하나도 아깝지 않았다.

그런데 내 심장 깊은 곳에서는 하나님께 이런 기도를 드리고 있었다는 걸 깨달았다.

"하나님, 제가 가진 모든 것을 드립니다! 받으시옵소서.

다 가지셔도 됩니다. 말씀만 하시옵소서. 제 생명이라도 드릴 수 있습니다.

그런데요, 하나님. 공부만은 건드리지 말아 주세요. 하나님이 도와주시지 않아도 이건 제가 잘할 수 있습니다. 늘 그래 왔듯이 앞으로도 제가 알아서 잘할게요. 상관하지 말아 주세요."

내 마음속 첫 번째 자리의 주인은 하나님이 아니라 '공부'였던 것이다. 돌이켜 보니 그동안에 공부를 위해 하나님께 기도한 적이 한 번도 없었다. 공부에 관한 한 누구의 도움도 필요 없다고 생각했고 심지어 하나님의 도움조차도 바라지 않았던 것이다. 최고의 관심사는 언제나 공부였다.

하나님께서 다니엘을 통해 가정으로 초청해 주셨을 때도 내 관심은 가정에 있지 않고 오로지 공부에만 있었음을 뒤늦게 깨달았다.

나는 공부를 통해 세상을 하나님의 나라로 변화시키고 싶었는데 하나님께서는 먼저 나 자신을 변화시키길 원하셨다.

하나님 앞에 내 모습을 솔직하게 고백하고 눈물로 회개했다. 그리고 내 마음속 첫 번째 자리는 오직 하나님께만 드리겠다고 결단했다. 그리고 비로소 깨달았다. 우리 가정이 지옥이 된 것은 남편 탓이 아니라 내게 우상이 되어 버린 공부 탓이었다는 것을…. 공부에 방해가 되는 남편이 미웠던 것이다. 급기야 힘든 결혼 생활로 공부를 그만두게 되자 남편을 증오하기까지 했다.

공부라는 우상을 섬겼던 나의 실체가 드러나자 남편을 향해 가졌던 미움이 눈 녹듯이 사라졌다.

그다음 날, 일어나자마자 남편에게 용서를 구했다. 내 안에 꽁꽁 숨어 있던 더러운 우상을 토해 내기라도 하듯 남편에게 모든 것을 털어놓았다.

"여보 미안해, 당신 잘못이 아니야. 그동안 나를 괴롭힌 것은 당신이 아니었어. 나도 모르게 공부를 우상으로 섬기고 있었어. 제발 용서해 줘."

그렇게 회개한 후에 정말 오랜만에 단잠을 잤다. 몇 년간 우울증 때문에 불면에 시달려야 했는데 그날 이후로 불면증이 거짓말처럼 사라졌다.

이 일을 계기로 다니엘과 나의 부부 관계는 하나님 안에서 새롭게 정립되기 시작했다.

내 안에 있던 우상이 제거되자 하나님께서 일하시기 시작했다. 아름답고도 놀라운 일들이 시작되었다.

04

자랑스런 타이틀 FTM(가정주부), 변화의 시작

남편이 잠에서 깨어나다

회개를 통해 나를 새롭게 하신 주님이 같은 해에 남편의 삶에도 새로운 일을 행하시기 시작했다.

1998년 가을, 다니엘은 JAMA를 처음 접하고 큰 충격을 받았다. 평범한 이민 가정에서 자라 온 그에게 "한국계 미국인들이여, 미국을 깨우자! 우리가 기도하면 미국을 더 위대한 하나님의 나라로 만들 수 있다!"라는 메시지는 새로운 영적 시각을 열어 주었다. 한국계 미국인을 아메리

칸드림을 좇아 이민 온 이방인이 아니라 미국을 더 위대한 하나님의 나라로 만들기 위해 기도하러 온 믿음의 용사로 바라볼 수 있게 된 것이다.

그날 이후로 다니엘은 거짓말처럼 하루아침에 달라졌다. 마치 잠자고 있던 사람이 잠에서 깨어 벌떡 일어난 것만 같았다. 생기가 흘러넘쳤다.

영어도 제대로 못하시는 부모님이 왜 고국을 떠나 낯선 땅에서 갖은 고생을 하셔야 했는지, 자신이 무엇 때문에 최고의 교육을 받고 현재 위치에 서게 됐는지…. 하나님의 시각에서 바라보니 모든 게 이해됐다. 비로소 자신의 인생뿐 아니라 부모님의 인생까지도 그 의미를 찾게 된 것이다.

다니엘이 미시간 대학 병원의 레지던트 과정을 마치고 정신과에서 펠로우십 프로그램을 진행하며 연구 중이던 1999년이었다.

어느 날 중독에 관한 컨퍼런스에 참가했는데 그곳에서 그는 난생 처음으로 하나님의 음성을 들었다.

"아들아, 경건한 리더를 세우는 일을 돕는 자가 되어라. 이 세대 가운데 그리스도를 위하여 세상을 변화시킬 경건한 리더들이 서기를 원한다."

영광의 임재와 함께 하나님의 목소리가 들리자 그는 감격하여 눈물을 흘렸다. 그의 감격은 차를 운전하여 집으로 돌아오는 차 안에서도 계속 이어졌다. 그는 하나님의 임재 그 자체를 너무나 감사하게 여겼다.

"하나님, 제게 왜 이리 잘해 주시나요?"

"왜냐하면 네가 아내에게 미안하다고 말했기 때문이지. 그것이 나의 마음을 감동시켰단다."

아내 한 사람을 온전히 사랑하게 해 달라고 간절히 기도하며, 아내에게 미안하다고 말했던 그 모습을 하나님은 모두 보고 계셨다. 한 몸인 아내를 사랑하기 위해 자신의 자아를 내려놓고 미안하다고 고백하는 그 모습이 그 어떤 것보다도 하나님의 마음을 감동시킨 것이다.

그날 이후로 그에게는 하나님이 주신 새로운 사명이 생겼다. 하나님은 다니엘에게 리더가 되라고 하지 않으셨다. 직접 리더를 세우라고도 하지 않으셨다. 경건한 리더들을 세우는 일을 도우라고 하셨다.

리더십에 전혀 관심이 없었던 다니엘은 리더가 어떤 사람이고 리더십이 무엇인지부터 공부하기 시작했다. 리더십 관련 자료와 책들을 닥치는 대로 읽고 리더들을 직접 만나 그들에게서 하나라도 더 배우려고 노력했다. 하나님께서 그의 열심을 기쁘게 받으셨는지 세계적인 리더들을 만날 기회를 종종 주셨다. 그때마다 남편은 열 일 제쳐 놓고 그들과 함께 시간을 보내며 그들이 어떻게 세계적인 리더가 될 수 있었는지 배우려고 애썼다.

다니엘은 미국의 영적 부흥을 위해 기도했다. 쇠퇴하고 있는 미국 교회를 위하여, 하나님이 주인 되시는 미국을 위하여 기도하더니 더 나아가 삶 속에서 구체적으로 섬기고 싶어 했다.

펠로우십 프로그램이 끝나갈 무렵 남편은 하나님이 그를 새로운 길로 부르시고 있음을 느꼈다.

말이 통하지 않고 문화도 다른 미국 땅에서 자녀들을 위해 모든 것을 희생하며 어떤 고생도 마다하지 않으신 부모님을 기쁘시게 하고, 감사함으로 보답하고자 선택했던 의사의 길이다. 그런데 이제 하늘 아버지를 기쁘시게 하기 위해 정신과 의사의 길을 뒤로 하고 새로운 길로 발을 내디뎌야 할 때임을 감지한 것이다.

부모님은 실망을 감추지 못하셨고, 주변에서 염려하는 소리들이 들려왔다. 하지만 다니엘은 일생일대의 중요한 결정을 내렸고 믿음으로 한 걸음을 떼기로 했다.

펠로우십 프로그램이 끝난 2000년 7월부터 남편은 대학병원이 아닌 집에 머무르게 되었다. 하나님이 계획하신 길을 정확하게 열어 주실 거라고 믿고 구체적으로 보여 주실 때까지 기다리기로 한 것이다.

그는 그 어느 때보다도 기쁜 마음으로 더 바쁘게 생활했다. 각종 자료를 찾아 분석하며 한국계 미국인에 대해서 연구하기 시작했다. 하나님의 뜻 가운데서 한국계 미국인들의 정체성을 찾기 위해 노력했다.

또한 말씀을 읽고 기도하며 오직 연구에 골몰했다. 하나님의 뜻 가운데 정말 자기가 하고 싶은 일을 해서 그런지 기쁘고 행복해 보였다.

"그러므로 염려하여 이르기를 무엇을 먹을까 무엇을 마실까 무엇을 입을까 하지 말라 이는 다 이방인들이 구하는 것이라 너희 하늘 아버지께서 이 모든 것이 너희에게 있어야 할 줄을 아시느니라 그런즉 너희는 먼저 그의 나라와 그의 의를 구하라 그리하면 이 모든 것을 너희에게 더하시리라"(마태복음 6:31-33).

우리 가정은 하나님이 앞으로 행하실 일을 기대하며 말씀만을 온전히 의지하는 연습에 들어갔다.

남편과 역할 바꾸기

나는 2000년 9월부터 둘째 아이를 임신한 채로 직장에 다니기 시작했다.

학교를 그만둔 다음에도 직장에 다니고 싶어서 얼마나 노력했는지 모른다. 여러 곳에 이력서를 넣었지만 별 연락이 없어 포기하고 있었는데, 때마침 한 정부 기관에서 연락이 왔다. 간단한 인터뷰 후에 바로 출근하라고 했다.

내가 그렇게 문을 두드릴 때는 잠잠하더니 이제 포기하려니까 뜻하지 않게 문이 열린 것이다. 그것도 참 신기하게 남편이 의사직을 내려놓자 곧 기다렸다는 듯이 말이다.

나는 하루아침에 가정주부에서 공무원이 되어 매일 정부 기관으로 출근하기 시작했다.

내가 직장을 다니는 동안 육아는 남편이 맡았다. 몇 달 후 둘째가 태어나자 첫째 지원이와 둘째 크리스토퍼가 모두 남편 몫이 되었다. 그는 아이들 돌보는 일을 기쁘게 감당했다. 그 바쁜 와중에도 시간을 쪼개어 세계 역사 가운데 하나님의 움직임을 연구하기 시작하였고, 그 거대한 역사 가운데 한국인의 사명이 무엇인지 묻기 시작했다. 많은 연구 자료들을 살펴보고, 한국계 미국인들의 현실과 관련된 자료를 찾아 연구하는 일을 계속했다.

역시 나는 살림보다 사회생활이 더 잘 어울리는 사람인 듯했다. 집안 살림보다는 회사 업무가 모든 면에서 훨씬 수월했다. 직장에서 내가 아는 지식을 조금이나마 사용할 수 있어서 감사했고, 일을 통해 존재 가치를 확인받는 것 같아서 기뻤다.

대학교 때 예수님을 영접하고 믿음 생활을 시작하면서 드렸던 기도가 하나 있다.

"주님을 위해 제 삶을 드리겠습니다. 주님이 원하신다면 뭐든지 다 할게요. 말씀만 해 주세요. 순종하겠습니다. 단, 가정주부가 되는 것만 빼고요."

한 번 사는 인생, 훌륭한 일을 하는 사람이 되고 싶었다. 그런데 우리 엄마나 다른 가정주부들의 삶을 옆에서 보니까 그들이 하는 일이 그리 대단해 보이지 않았다. 그리고 가정주부는 세상에서도 별로 인정해 주지 않는 것 같았다.

집에서 살림만 하는 자신을 상상할 수 없었다. 가정주부는 내게 전혀 어울리지 않는 역할이라고 생각했다. 주님도 나를 그렇게 살게 하시진 않을 것 같았다.

'세상에 가정주부가 얼마나 많은데…, 굳이 나까지 가정으로 들여보내실 이유가 있겠는가.'

무슨 일이든 확실하게 하는 편이 낫다고 생각해서 하나님께 가정주부만 빼면 무슨 일이든 감당할 수 있다고 못 박아 두었던 것이다.

"주님, 실수하시면 안 돼요!"

그런데 결혼 후 박사 과정을 그만두고 나서 본의 아니게 전업주부로 살게 되었다. 처음에는 영 안 맞는 옷을 입은 것같이 몹시 어색하고 마음이 불편했다. 가정에서 탈출하기 위하여 끊임없이 밖을 내다봤다.

그러니 마침내 바깥일을 하게 되었을 때 얼마나 기쁘고 설레었겠는가?

그런데 그 기쁘고 설레던 삶이 전부가 아님을 얼마 후에 깨닫게 되었다.

가정주부로 거듭나다

2001년 2월에 다니엘은 미시간 대학으로부터 함께 일하자는 제안을 받았다. 미시간 대학에 유학 온 외국 학생들에게 어려운 일들이 잇달아 발생하고 있어서 타문화에 지식을 가진 정신과 전문의를 찾고 있었는데 남편을 적격자라고 여겼다. 자살과 중독 그리고 타문화에 관한 연구를 했던 남편은, 약 1년 전쯤 미시간 대학에서 일하게 될 것이라는 하나님의 음성을 이미 들었던 터라 그 제안을 흔쾌히 승낙하였다. 서류 심사도 없이 바로 특별 프로젝트의 디렉터로 일하기 시작했다.

남편의 풀타임 아빠의 삶은 7개월을 채우며 그렇게 막을 내렸다.

남편이 일을 시작하자 집안일은 다시 내 몫이 되었다. 매일 아침 네 살배기 첫째 지원이를 유치원에 데려다 주고 갓난아기 둘째 크리스토퍼를 근처 집사님 댁에 맡기고 출근해야 했다. 그러나 직장에 다닐 수 있다는 것만으로도 감사했다. 매일 아침 출근길에 자동차 안에서 혼자 찬양을 드리고 저녁에 퇴근하면 남편과 두 아이를 보살피며 행복한 시간을 보냈다. 잠을 설치는 날이 허다했지만 그것이 나의 기쁨을 빼앗아가진 못했다.

그런데 둘째가 6개월쯤 되었을 무렵 내 건강에 이상이 생겼다. 아침에 잠에서 깼는데 갑자기 목이 전혀 움직이지 않는 것이었다. 목뒤의 신경들이 곤두서며 팔 하나도 제대로 움직일 수가 없었다. 정말 가까스로 일어나 소파에 앉았다. 팔을 들자 목뒤로 엄청난 통증이 느껴졌다. 갑자기 일어난 상황에 뭐라 할 말을 잃고 가만히 소파에 앉왔다. 시간이 지나도 상태는 나아지지 않았다. 꼼짝도 못 하고 소파에 앉아서 울다가 아직 잠자고 있던 남편을 불러 깨웠다.

결국 출근을 포기하고 응급실로 향했다. 통증의 원인을 찾아내기 위해 젊은 레지던트들이 몇 가지 신경 검사를 했다. 검사하느라 반나절을 보냈지만 별다른 원인을 찾지 못했다. 게다가 응급실에서 셋째 아이의 임신 소식을 들었다.

몇 달이 지나서야 과로로 인해 신경이 자극을 받아 극심한 통증을 일으켰던 것이라는 걸 알았다. 휴가를 내고 목에 보호대를 두른 채로 누워서 며칠을 보내야 했다. 아직 어린 두 아이와 새로 태어날 아기를 생각하며 꼼짝없이 누워 있는 동안 직장을 그만둘 때가 왔다는 생각이 들었다. 하나님께서 아이를 셋이나 맡기셨는데, 아이들 곁에 엄마인 내가 있어야 마땅하지 않은가. 집안일보다 직장 일을 더 좋아했지만 나를 필요로 하는 세 아이들을 위해 그만 내려놓아야겠다고 생각했다.

비로소 가정주부의 길을 스스로 선택해서 가기로 결정한 것이다.

막내가 태어나면서부터 세 아이와 함께 집에서 생활

하기 시작했다. 대부분의 시간을 아이들과 보내면서 주방은 자연스럽게 나의 예배처가 되었다. 조리대 위의 시디플레이어(CD Player)에서는 설교 방송이 흘러나왔고, 나는 말씀을 들으면서 요리하고 전화를 받고 찬양을 불렀다. 그러다가 성령이 감동을 주시면 바닥에 주저앉아 울며 기도하기도 했다. 테이블에서는 첫째 지원이가 그림을 그리고 바닥에서는 둘째 크리스토퍼가 젖병을 입에 문 채 장난감 놀이를 했다. 셋째 조셉은 요람에 누워서 새근새근 잠을 잤다.

셋째를 낳고 나서부터 처음으로 가정의 기쁨을 조금씩 누리기 시작했다. 그때부터 내가 가정주부라는 것을 인정하고 그 길을 기쁘게 받아들이게 되었다.

가정주부라는 새로운 정체성을 갖게 된 것이다.

하나님의 응원

이제는 가정 안에서 남편과 세 아이들을 섬기는 가정주부의 길을 가리라고 마음먹자 내 안에 일던 갈등들이 많이 잦아들었다. 가정이라는 곳에 나의 온 마음과 힘을 쏟으며 거기서 흘러나오는 축복들을 조금씩 맛보게 되었다.

말도 제대로 못하는 갓난아기 조셉이 환하게 웃음 짓는 것을 바라보며, 조셉이 마음 깊은 곳에서부터 행복해하고 있다고 생각되자 나도 덩달아 행복해졌다. 유치원 스쿨버스에서 내리자마자 엄마에게 달려오는 지원이를 품에 안으며, 딸에게 안길 수 있는 품이 되어 준다는 것이 기뻤다. 밥을 먹고 나면 항상 밥그릇을 뒤집어 머리에 모자처럼 쓰고는 소리내어 웃는 크리스토퍼의 모습을 사진에 담으며, 그 중요한 순간에 엄마가 옆에 있어 줄 수 있다는 것이 감사했다.

새록새록 발견하는 가정의 기쁨은 날이 갈수록 더해 갔다. 그리고 그렇게 변해 가는 아내의 모습을 바라보며 남편은 평강 가운데 마음 든든해하는 것 같았다. 첫딸 지원이가 갓난아기였을 때, 엄마가 늘 우울해하며 어두운 시간을 보냈던 것이 새삼 미안했다. 그럼에도 불구하고 하나님의 보호하심인지 지원이가 무척 밝고 자유롭게 자라준 것이 감사했다.

세 아이들과 보내는 시간이 점차 나에게 행복덩어리로 다가오기 시작했지만 그렇다고 아이들을 보살피는 일이 쉬운 건 아니었다.

둘째 크리스토퍼가 만 두 살이 되면서부터 그전에 안

하던 행동들을 하기 시작하였다. 무언가 표현을 하려다 자기 마음대로 안 되는지 울음을 터뜨리는데, 닭똥 같은 굵은 눈물을 뚝뚝 흘리며 통곡했다. 마치 무슨 깊은 한이 쌓여 있는 것처럼 말이다. 또 어떤 때는 식탁에서 밥을 먹다가 뭐가 언짢은지 자기 밥그릇을 밀어버려 바닥에 떨어뜨리기도 했다.

이 아이가 갑자기 왜 그럴까? 찬찬히 이야기를 해 보려고 했지만 크리스토퍼는 울음 먼저 터뜨리곤 했다. 아이가 집 밖에서 이런 행동을 할 때면 정말 난감했다. 아이를 누구보다도 잘 이해하고 있어야 할 엄마가 이때만큼은 무엇을 어떻게 해야 할지 몰라서 무척 당황했다.

남편도 아이를 주의 깊게 지켜보기 시작했다. 또 한번 식탁이 난장판이 되었을 때, 남편이 내게 말했다.

"크리스토퍼가 당신 있을 때만 이렇게 하는 것 알아?"

곰곰이 생각해 보니 남편의 말이 맞았다. 이 아이는 왜 엄마가 있을 때만 이렇게 행동할까? 왜 세 아이 중 유독 둘째만 이렇게 행동할까? 같은 환경, 같은 부모 밑에서 자란 아이들인데 말이다. 기도하면서 이유를 찾아가는데, 둘째는 다른 두 아이들과 상황이 달랐던 것이 떠올랐다.

둘째를 임신했을 때부터 직장에 다니기 시작한 나는

아이를 출산하고 2주일의 출산 휴가만 보내고 바로 다시 출근했다. 갓 태어난 아기는 우리와 가족처럼 지내는 집사님이 대신 돌봐 주셨다. 그 집사님은 성숙한 믿음을 가지신 분이고 특히 자녀 양육에 관하여는 나와는 비교할 수 없을 정도로 베테랑이셨다. 우리 아이들을 엄마인 나보다도 더 잘 이해하고 돌보아 주셨다. 크리스토퍼는 집사님 식구들의 사랑을 넘치도록 받으며 쑥쑥 자랐다.

어느 날 또 통곡하듯 울음을 터뜨리는 크리스토퍼의 모습을 보고 있는데, 그 아이에게서 갓난아기 크리스토퍼의 모습이 보이기 시작했다.

'우리 엄마는 어디에 있지?'

아기는 유아용 의자에 앉아 우윳병을 빨며 두리번두리번 엄마를 찾고 있었다. 사랑이 넘치는 환경 속에서 온갖 사랑을 다 받고 있는 아기가 왜 엄마를 찾고 있는지 처음에는 잘 이해가 되지 않았다. 엄마가 옆에 있다고 한들 별로 잘 해 줄 것도 없는데 말이다. 그런데 그렇게 미숙한 엄마라도 아기는 엄마가 필요한가 보다. 딱히 무엇을 잘해 주어서가 아니라 엄마라는 존재 자체를 갈망하는 것이다.

아이가 필요로 할 때 옆에 있어 주지 못했던 생후 1년

간의 모습을 떠올리자 아이에게 말할 수 없이 미안했다. 이 마음을 어떻게 표현할 수 있을까? 아무에게도 설명할 수 없는, 나와 크리스토퍼만이 아는 가슴 아픈 이야기다.

그걸 깨달은 이후로 나는 크리스토퍼가 엄마 앞에서 울음을 터뜨리며 화를 내도 어쩔 수 없이 그저 안쓰럽고 미안해졌다.

어느 날 가족처럼 친하게 지내는 목사님 댁에 가서 저녁 식사를 했다. 식탁 의자에 앉아 있던 크리스토퍼가 무언가를 요구하다가 엄마가 챙겨 주는 것이 자기가 원하던 게 아니었는지 앞에 있던 그릇을 밀쳐 버리고 말았다. 목사님 부부의 난감해하는 모습을 보게 되자 나도 당황하여 어쩔 줄 몰랐다. 즐겁게 대화를 나누려고 모인 자리였는데 서둘러 집으로 돌아올 수밖에 없었다.

그날 식탁에서의 대화가 귓가를 맴돌았다.

"크리스토퍼는 엄마 앞에서만 이래요."

"정말 그러네. 엄마 없을 때는 말 잘 듣는 굿보이(good boy)던데…."

나는 몹시 괴로웠다. 가정에서 주부로 멋지게 살아가리라 마음먹었지만 그것마저도 제대로 못하고 있다는 사실에 자신이 부끄럽고 초라했다. 아이들에게도 미안했다.

밤새 괴로워하던 나는 새벽이 되자마자 교회로 달려갔다. 나는 바닥에 주저앉아서 의자에 얼굴을 파묻고 울음을 토해 내기 시작했다. 다행히 깜깜한 교회 안에서 흘러나오는 찬양과 여러 성도들의 기도 소리가 내 울음소리를 감추어 주었다.

의자에 얼굴을 파묻은 채 한참을 통곡하고 있는데, 누군가 손으로 내 어깨를 어루만지기 시작했다. 그러더니 부드러운 목소리로 말했다.

"자매님, 하나님이 그러시는데 '나의 세 아이들을 잘 키워 주어서 고맙다'고 하시네요."

나의 사정과 속마음을 알 리가 없는 한 성도님이 하나님이 보내신 천사가 되어 나를 위로해 주었다.

내 아이들을 하나님은 '당신의 아이들'이라고 하셨다. 나에게 잠시 아이들을 맡기신 것이다. 그리고 잘 키워 주어서 고맙다고 하셨다. 나는 정말 아이들을 제대로 키우지 못하는 엄마라고 자책하고 있었는데 말이다.

그 이후에도 아이들을 키우며 나의 부족함 때문에 실의에 빠질 때면 하나님은 거듭 나를 응원해 주시곤 한다.

"고맙다…."

그 한마디가 나를 얼마나 부끄럽게 만드는지 모른다.

그러나 나는 그 위로에 다시 한 번 힘을 얻고 일어선다.

"제가 도리어 고맙습니다. 더 잘할게요…."

이 세상에서 그 무엇보다도 소중한 것이 생명이다. 하나님이 당신의 자녀들을 엄마의 몸에서 태어나게 하시고 그 엄마의 보살핌 가운데 살아가게 하신다. 때로는 그 엄마가 부족할 때도 있지만 그래도 하나님은 생명을 양육하는 엄마들에게 고마운 마음을 갖고 계신 듯하다. 그러한 하나님의 마음은 나같이 부족한 엄마에게는 그 어떤 것보다 큰 힘이고 격려가 된다.

너는 FTM이다

언젠가부터 가끔씩 사람들 앞에서 말씀을 나눌 기회가 생겼다. 그런데 그럴 때마다 자기소개를 어떻게 해야 할지 몰라서 난처해지곤 했다. 목사도 아니고 전도사도 아니고 선교사도 아닌, 그렇다고 교수나 박사 같은 번듯한 타이틀도 하나 없는 나를 뭐라 소개해야 좋을까?

세 아이의 엄마이자 한 남자의 아내인 나, 그런 내가 풀타임으로 하는 일은 집안 살림이다. 그래서 솔직하게 '가정주부' 혹은 '전업주부'라고 나를 소개했다.

그랬더니 청중의 반응이 각양각색이었다. 타이틀만 보면 특별할 것 없는 평범한 사람인데 대체 무슨 이야기를 들려주려고 하는가 하는 표정을 보이기도 했다. 많은 사람들이 가정에서 주부의 역할이 얼마나 중요한지 모른다고 말하지만 막상 사람들 앞에 서기에는 '가정주부'가 매력적인 타이틀은 아닌 모양이다.

2007년 12월, 미국 각지와 캐나다에서 온 젊은이들과 선교 여행을 다녀온 적이 있다.

스무 명 정도가 한 팀이 되어 약 3주 동안 여행을 하기 위해서 사전에 이메일을 통해 서로 신상 파악을 했다. 내가 속한 팀의 대부분은 대학생이었다.

팀장이 나를 보더니 "아, FTM이시군요!" 하며 반갑게 인사했다. 귀에 쏙 들어왔다. FTM, 즉 Full-time Mom은 전업주부, 일명 아줌마를 가리키는 것이었다. 나는 팀에서 유일한 주부였고 다들 나를 FTM이라고 불렀다.

그때부터 어디를 가든지 나를 'FTM 애슐리 박'이라고 소개한다. 처음 듣는 사람들은 박사나 교수와 같은 전문직 타이틀인 줄 알고 무슨 뜻인지 궁금해하는데 그 뜻을 설명해 주면 다들 박장대소하곤 한다.

FTM을 타이틀로 삼게 된 것은 하나님의 음성이 있었기 때문이다.

"하나님, 저는 아무 타이틀도 없는 작은 자입니다."

"왜 네게 타이틀이 없느냐? 이 세상 어떤 것보다 더 귀한 타이틀이 있지 않느냐? 너는 FTM이다. 내가 기뻐하는 타이틀을 마음껏 사용하여라."

그렇다. FTM은 하나님이 기뻐하시는 타이틀이다. 우리 엄마를 포함하여 이 땅의 수많은 FTM을 하나님이 귀히 여기고 계신다. 많은 여자들이 "나는 엄마처럼 살지 않을 거야!" 하고 외치지만, 희생하는 엄마들의 삶을 하나님이 기억하신다. 기뻐하고 갚아주신다. 나는 오늘도 FTM의 삶 속에 빛나는 하늘 기쁨이 있음을 배워 간다. 이전에는 미처 몰랐던 사실이다.

수많은 인생길 중에서 가장 가기 싫어했던 길로 인도하시고 그 안에 감추어진 보물을 스스로 캐내게 만드시는 하나님께 절로 감탄이 나온다.

"역시 주님다우십니다!"

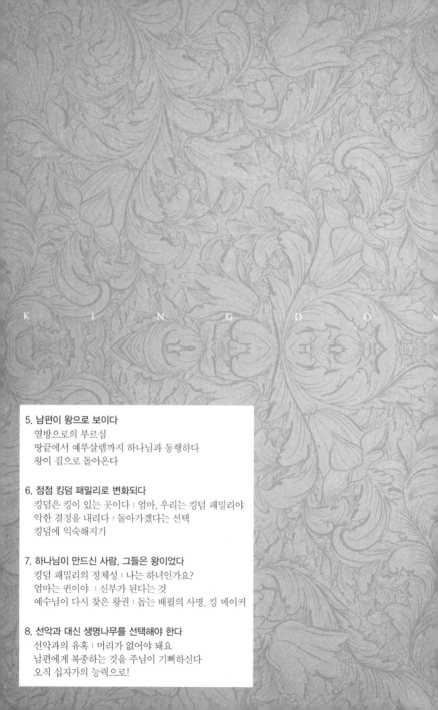

킹덤 패밀리의 여정

십자가의 능력으로 킹덤 패밀리를 이루라

F A M I L Y

05

남편이
왕으로 보이다

열방으로의 부르심

2000년 봄, 하나님께서 다니엘에게 "이제부터 날아다
니라!(Now, Go and Fly!)"는 마음을 주셨다. 그러더니 정말
로 주말마다 집회에 초청되어 미국 전역을 동서남북으로
날아다니기 시작했다.

금요일이 오면 으레 남편의 여행 가방을 챙겼다. 때로
는 비행기 시간을 맞추기 위해 다니엘이 수업하고 있는
건물 앞에 차를 대고 기다렸다가 강의가 끝나면 바로 픽

업해서 쏜살같이 디트로이트 공항으로 향하곤 했다.

주말만 되면 헤어지는 우리를 보고 주위에서는 '주말부부(weekend-couple)'가 아니라 '주중부부(weekday-couple)'라고 농담 삼아 불렀다.

무엇이 다니엘을 저렇게 달려가게 만드는 걸까? 가끔은 쉬고 싶을 때도 있을 텐데 남편은 늘 기쁜 마음으로 비행기를 탔다. 전과 달라진 남편의 모습을 보니 기쁘면서도 한편으로는 안쓰럽기도 했다. 남편을 생각하면 어느새 눈에 눈물이 고였다.

주말 내내 남편을 위해서 기도했다. 그가 하나님의 말씀을 온전하게 전하는 통로가 되도록, 집회에 참석한 모든 사람들에게 하나님의 은혜가 임하도록, 남편이 지치거나 아픈 데 없이 강건하게 모든 일정을 감당하도록 기도했다. 그러다 보니 남편을 위해 기도하는 게 일상이 되었다.

남편의 지경은 점점 더 넓어져 갔다. 주로 미국 내에서 활동하던 남편이 어느새 캐나다, 오스트레일리아, 뉴질랜드 등 영어권 나라들을 이웃집처럼 드나들었다.

다니엘은 여행 중에 틈틈이 전화를 걸어 안부를 전했다. 가족의 목소리를 들으며 힘을 내는 것 같았다. 비록 몸은 멀리 떨어져 있지만 어느 때보다도 관계가 친밀해졌고 한마음이 되어 갔다.

2005년부터 남편은 JAMA의 새로운 프로젝트에 참여하게 되었다. 한국계 글로벌 젊은이들을 위한 세계지도자개발학교(Global Leadership Development Institute) 일명 GLDI가 김춘근 박사님의 끈질긴 집념과 헌신 가운데 시작되었다.

많은 한인들과 한인 교회들이 물질과 기도로 헌신한 덕분에 2년 뒤인 2007년 여름에 드디어 GLDI의 문이 열렸고, 다니엘은 학장(Dean)으로 섬기게 되었다.

GLDI는 미국 전역을 대상으로 만 19세부터 26세까지의 젊은이들 중에서 약 100여 명을 선발하여 여름방학 중에 40일 동안 캘리포니아에 있는 대학 캠퍼스에서 함께 숙식하며 영성, 지성, 인성 교육을 통해 글로벌 리더로 훈련시키는 프로그램이다. 세계적인 리더들이 강사로 초청되고, 각 분야에서 헌신된 사역자들이 자신의 시간과 노력을 아끼지 않고 내놓았다.

GLDI를 섬기는 동안 하나님께서는 다니엘에게 열방을 향한 마음을 부어 주셨다.

첫 해 여름, 세 아이를 데리고 GLDI가 열리고 있는 캘리포니아로 가서 온 가족이 대학 기숙사에서 함께 지냈다. 다음 해에는 절친한 친구인 최준 박사 가정도 40일 훈

런을 섬기기 위해 합류했다.

GLDI 기간 동안 아침부터 밤까지 일과를 마치고 나면 밤마다 남편과 스태프들 그리고 최준 박사가 함께 기도하면서 하루를 마무리했다.

2008년 여름이 끝나갈 무렵, 다니엘과 최준 박사는 글로벌 기도 여행을 떠나기로 약속했다. 단순한 여행이 아니었다. 하나님이 두 사람을, 아니 두 가정을 열방으로 초청하신 것이다.

"독생자를 내어 주기까지 사랑한 세상을 너희가 직접 보기를 원하노라."

두 사람은 하나님이 사랑하시는 세상을 보고 싶다는 갈망으로 가득 찼다. 두 가정이 함께 떠날까도 했지만 어린 자녀들을 생각해서 남편들이 먼저 세상을 둘러보기로 했다.

심장과 전문의인 최준 박사는 마침 병원 일을 잠시 쉬고 있는 상태였고, 남편은 9월부터 시작되는 가을 학기 강의를 쉬기로 결단했다.

땅끝에서 예루살렘까지 하나님과 동행하다

글로벌 기도 여행을 위한 계획에 들어갔다. 먼저 여행 기간과 코스를 정하고 경비를 어떻게 할 것인지 고민했다. 구체적으로 진행할수록 머릿속에서 점검해야 할 목록들이 끊임없이 쏟아져 나왔다.

그런데 하나님 앞에서 기도하면서 정리하니까 결국에는 매우 간단한 매뉴얼이 완성되었다.

첫째, 2008년 8월 25일부터 12월 25일까지 4개월 동안 여행한다.

둘째, 하와이 코나 열방대학에서 시작하여 이스라엘 예루살렘에서 여행을 마친다.

셋째, 돈은 가지고 가지 않는다.

하와이 코나와 예루살렘이 지구의 정반대 위치에 있다는 것을 나중에서야 발견했다. 예루살렘의 땅끝이 바로 하와이 코나인 셈이다. 하나님께서는 땅끝에서 예루살렘으로 향하도록 코스를 짜 주셨다.

그리고 주머니를 비운 채 떠나라고 하셨다. 두 사람의 여행 경비뿐 아니라 생활비도 걱정해야 할 처지였는데 하나님의 해결책은 매우 간단했다.

"돈을 가지고 가지 말 것!"

2008년 8월, 두 사람은 계획에 따라 하와이 코나 열방대학으로 떠났다. 이들의 글로벌 기도 여행에 대해 들은 로렌 커닝햄 목사님이 세계 각지의 지인들에게 쓴 친필 편지를 두 사람 손에 들려 주며 축복해 주셨다.

다니엘과 최준 박사는 하와이 코나를 출발하기 전에 가지고 있던 돈을 몽땅 털어 헌금했다. 말씀에 순종하여 정말로 빈손으로 떠나기 위해서였다.

이제 여행을 떠날 준비가 다 되었다고 생각했는데 성령님이 아직 주머니가 비지 않았다고 알려 주셨다. 알고 보니 다니엘의 바지 뒷주머니에 수표가 한 장 들어 있었던 것이다.

"하나님, 이 수표를 누구에게 줄까요?"

남편의 기도에 하나님이 응답하셨다. 바로 앞자리에서 기도하고 있는 남자에게 전해 주라는 마음을 주셔서 수표에 사인을 하고 그 남자에게 다가가 살며시 손에 수표를 쥐어 주었다.

나중에 알고 보니 그는 열방대학에서 훈련받기 위해 잠시 사역을 내려놓고 있던 선교사였다. 그 바람에 후원이 끊겨서 재정적으로 어려운 상태에 있었다고 한다.

'하나님, 당신이 살아 계신다면 제 손에 무엇이라도 붙여 주십시오.'

도우심을 바라는 그의 간절한 기도에 다니엘이 통로가 되어 하나님의 응답을 전한 것이다.

주머니를 완전히 비우고 떠난 두 사람의 여정은 하나님이 예비하신 기적의 연속이었다. 정확한 시간에 만나야 할 사람들을 만나게 해 주셨고 때마다 필요한 것들을 공급해 주셨다. 굶을 각오를 하고 떠났는데 여행 기간 동안에 단 한 끼도 굶지 않았고 잘 곳이 없어서 길에서 헤맨 적도 없었다. 두 사람은 매 순간 필요한 만큼 정확하게 공급해 주시는 하나님의 놀라운 손길을 체험했다.

두 사람은 하나님이 짜 주신 여행 매뉴얼대로 12월 25일 예루살렘에서 4개월에 걸친 글로벌 기도 여행을 마쳤다. 그리고 그 다음 날인 12월 26일에 다니엘이 드디어 집으로 돌아왔다.

왕이 집으로 돌아온다

2008년, 남편이 4개월간 하나님께서 사랑하시는 세상을 둘러보며 영적으로 성장하는 동안에 나에게도 큰 변화가 있었다.

엄마가 돌아가셨다는 소식은 나를 뒤흔들어 놓았다. 수년 동안 내 안에 쌓아 두었던 수많은 질문들이 그때 하나님 앞에서 쏟아져 나왔다.

초라해 보이기만 했던 엄마의 일생을 하나님이 기쁘게 받으셨다는 사실을 알고 나서 주님을 진심으로 나의 왕, 나의 남편으로 높여 드리게 되었다.

그러자 하나님이 말씀하셨다.

"너의 고백을 기쁘게 받는다. 그런데 그 고백을 네 남편에게도 해 주지 않으련? 네 남편을 왕처럼, 신랑 예수처럼 섬기지 않으련?"

그때부터 남편에 대한 생각이 180도 달라졌다. 남편이 글로벌 기도 여행을 마치고 어서 집으로 돌아오기를 설레는 마음으로 기다렸다.

"왕이 집으로 돌아온다!"

드디어 4개월 만에 남편을 다시 만나자 그전에는 느끼지 못했던 낯선 감정들이 솟아났다.

한 사람의 존재가 그토록 존귀하게 느껴질 수가 없었다. 그는 내게 왕이었다. 내 눈에는 정말로 예수님처럼, 왕처럼 보였다. 이 존귀한 사람을 어떻게 잘 섬길 수 있을까 하는 마음이 샘솟았다. 남편과 함께 있는 시간이 한없이 편안하고 행복했다. 마치 원래부터 하나였던 것처럼 느껴졌다. 바로 이 남자가 세상에서 내게 가장 편안한 사람이라는 걸 처음 깨달았다.

그렇다고 해서 일상이 크게 달라진 것은 없었다. 매일 진수성찬을 차린 것도 아니다. 늘 먹던 대로 소박하게 차렸지만 그것은 왕의 식탁이었다.

남편도 나도 서로에게 특별히 뭔가를 해 주지는 않았지만 말로 형언할 수 없는 기쁨을 느꼈다. 행복했다.

남편이 집에 머무는 시간이 기쁘고 행복하다고 고백하기 시작했다. 집에 들어오면 마치 왕처럼 느껴지고 편안하다고 했다.

가정에 왕이 돌아오자 놀라운 변화가 일어난 것이다.

06
/
점점
킹덤 패밀리로 변화되다

킹덤은 킹이 있는 곳이다

가정에서 남편을 왕으로 섬기기 시작하자 하나님께서 내게 '킹덤'에 대해 가르쳐 주시기 시작했다.

하루는 잔잔한 음성으로 내게 물으셨다.

"너는 킹덤이 무엇인지 아느냐?"

"글쎄요, 솔직히 뭔지 잘 모르겠습니다. 킹덤을 경험해 본 적이 없어서요."

"킹덤은…, '킹(king)'이 있는 곳이란다."

'아, 그렇구나. 킹이 있어야 킹덤이 되는구나!'

단순한 진리가 깊이 있게 다가왔다.

킹이 있는 곳이 킹덤이고, 킹이 없으면 킹덤이 될 수 없다. 킹덤의 여부는 왕의 존재 여부에 달려 있다. 왕이 다스리는 구역이 바로 킹덤이다. 왕이 존재할 때 킹덤도 존재한다.

"킹덤에서는 왕의 입에서 나오는 말이 곧 법이 된단다."

왕은 나라를 다스린다. 나라를 다스리는 지도자들이 많이 있지만 그들과 왕이 다른 점이 무엇일까?

그것은 바로 왕의 입에서 나오는 '말'이 곧 그 킹덤을 다스리는 '법'이 된다는 것이다. 왕에게는 법을 만들 수도 있고 폐할 수도 있는 권세가 있다. 따라서 왕의 말에는 절대적으로 복종해야 한다. 만약 복종하지 않는다면 그것은 법을 어기는 것이 되기 때문이다.

"킹덤은 민주주의와 다르단다. 다수결로 의사를 결정하는 법이 없다. 왕의 말이 곧 그 나라의 법이 된단다. 그러니 네 가정의 왕인 남편의 말에 무조건 복종하렴."

'무조건 복종'이란 말씀은 내게는 받아들이기 힘든 명령이었다.

'두 사람의 생각이 다를 때는 둘 중에 더 좋은 생각을 따르는 것이 합리적이지 않은가? 그런데 왜 무조건 남편의 말에 복종하라고 하실까? 지금이 어떤 시대인데….'

아무리 생각해도 비합리적이었다.

그러나 주님의 말씀이기에 순종하기로 마음먹었다. 선택의 순간에서 순종을 선택할 때 하나님은 생각지도 못한 놀라운 복을 쏟아부어 주신다.

막상 남편의 말에 무조건 순종하려고 하니까 우려했던 것처럼 그렇게 힘들지는 않았다. 내 눈에 남편이 정말 존귀한 왕처럼 보였기 때문이다. 예수님 안에 있는 왕의 권위가 그에게도 있음을 느꼈다. 그래서 "남편 말에 무조건 복종"이라는 명령에 순종하기가 생각보다 쉬웠다.

오히려 지난 날 왜 남편의 말에 동의하지 않고 고집을 부렸을까 후회되기도 했다.

'그때 내가 왜 그랬을까?'

남편이 왕으로서 집안에 존재한다는 사실이 감사했다. 남편의 존재로 말미암아 온 집안이 든든했다. 한 가정의 남편이, 아버지가 그토록 중요한 존재라는 것을 새삼 깨달았다.

다니엘이 가정에서 왕으로 선 다음부터 남편을 위한

기도가 달라졌다.

2009년 봄, 다니엘이 한국의 크리스천 CEO 조찬 모임에서 말씀을 전하기 위해 서울로 떠났다. 화요일 오후 수업을 마치자마자 서둘러 인천공항행 밤 비행기에 올랐다. 인천공항에 도착하자마자 조찬 장소로 이동해야 하는 아주 빠듯한 일정이었다.

혹시라도 비행기가 연착하지 않도록, 입국 심사가 길어지지 않도록 기도하기 위해서 자리에 앉았다.

그때 문득 다니엘이 바로 왕이 아닌가 하는 생각이 들었다. 그를 위해 어떻게 기도해야 하는지가 분명해졌다.

"하나님, 지금 왕이 가십니다. 대로를 활짝 열어 주시옵소서. 왕이신 예수님의 영광을 그 자리에 베풀어 주시옵소서!"

왕이 가는 길, 주님이 가시는 길이라면 이것저것 구차하게 기도하지 않아도 된다는 것을 깨달았다. 왕에게 합당한 기도를 올리면 되는 것이다.

엄마, 우리는 킹덤 패밀리야

남편이 왕으로 존재하자 우리 가정에 킹덤이 임했다.

천국의 기쁨은 이 세상을 떠난 후에나 맛볼 수 있는 것이 아니라 이 땅에서도 누릴 수 있는 것이라는 걸 깨달았다. 우리 가족은 가정 안에 임한 천국의 기쁨을 마음껏 누렸다. 기쁨은 왕이 다스리는 킹덤에 부어 주시는 하나님의 선물이다.

막내 조셉을 목욕시키고 있는데 아이가 갑자기 "엄마, 킹덤이 어디에 있지?" 하고 물었다.

"글쎄, 킹덤이 어디에 있을까?"

"엄마, 킹덤은 바로 여기에 있어!"

"어디?"

"바로 여기! 우리 집이 바로 킹덤이야!(Kingdom is right here where we are.)"

그러고는 다시 물장난을 치더니 갑자기 멈추고 뭔가 골똘히 생각하는 것 같았다.

"조셉, 무슨 생각 해?"

"엄마, 캐슬(castle)은 어디에 있지?"

"캐슬?"

"우리는 캐슬에서 살아야 해. 킹덤 패밀리잖아."

하나님께서는 내가 혹시 잊어버리기라도 할까 봐 걱정되시는지 조셉을 통해 킹덤을 선포하며 수시로 상기시켜 주셨다. 심지어는 아이들끼리 놀 때에도 킹덤 이야기가 끊이지 않았다. 어린아이의 입에서 입으로 킹덤 이야기가 꺼지지 않는 불길처럼 계속 번져 갔다.

"이 세상은 킹덤이야. 사랑의 킹덤."

"우리 아빠는 왕이야. 너희 아빠도 왕이니?"

"나는 왕자다."

부부가 하나 되고 가정에 킹덤이 임하자 천국의 기쁨과 평강이 집안을 가득 채웠다. 세 아이들은 그 어느 때보다도 행복하고 안정돼 보였다. 사람의 노력으로는 도저히 얻을 수 없는 놀라운 축복이었다.

남편을 왕처럼, 신랑 되신 예수님처럼 섬기기 시작하자 비로소 부부의 연합이 무엇인지 알게 되었다. 두 사람이 있으나 마치 한 사람 같았다. 결혼 15년 만에 처음 느껴 보는 경이로움이었다.

가정이 변화하자 그 안에서 아이들 스스로 자신이 얼마나 존귀한 존재인지 인식한다는 것을 알게 되었다. 아이들은 킹덤 안에서 평강을 누렸다.

킹덤의 평강 가운데 흘러나오는 '힘'이 있다. 어떤 것도 감당할 수 있을 것 같은 힘이 우러나오는 걸 경험했다. 어떤 시련이나 고난이 닥쳐도, 어떤 환난이 와도 이겨 낼 수 있을 것 같은 확신이 들었다. 사탄이 앞에 나타난다고 해도 두려울 것이 없었다. 남편과 내가 하나이고, 우리 가정 안에 세상이 줄 수 없는 평강이 가득한데 무엇이 두려우랴!

지식이나 명성이나 재물이 주지 못하는 힘, 세상이 감당하지 못하는 힘의 근원이 가정 안에 있음을 비로소 깨달았다.

"가정 안에 이런 놀라운 비밀이 있었구나. 주님 오시는 그날까지 이대로만 살아야지. 이렇게만 살면 이기는 삶을 살 수 있겠어. 어떤 거짓과 속임수가 덮쳐도, 사탄의 공격이 다가와도 승리하며 살 수 있어!"

가정이 바로 세상을 이길 수 있는 힘의 공급처인 것이다!

나는 앞으로 펼쳐질 우리 가정의 앞날을 기대에 가득 차서 바라봤다. 결혼 15년 만에 이런 놀라운 일을 경험하게 될 줄은 정말 상상도 못했다.

순종의 힘은 놀라웠다. 남편을 왕처럼, 신랑 되신 예수님처럼 섬기라는 주님의 초청에 그저 '예스'라고 대답했을 뿐인데, 그것이 바로 킹덤의 시작이 될 줄은 꿈에도 몰랐다. '예스'라는 짧은 순종의 말에 하나님은 우리 가정을 변화시키셨다. 하늘의 킹덤이 이 땅에, 바로 우리 가정 안에 들어온 것이다.

가정 안에 임한 하나님 나라를 바라보며 그저 감사한 마음뿐이었다. 이 천국의 시간이 영원하기를 소망했다. 그리고 영원할 수 있다고 믿었다.

악한 결정을 내리다

다니엘은 매사에 긍정적인 사람이다. 미국에서 자라서 그런지 아니면 본래 타고난 성품이 그런 건지, 그것도 아니면 말씀 훈련이 잘되어 있어서 그런지는 몰라도 하여튼 언제나 긍정적이고 소망을 잃지 않는 사람이다.

특히 사람을 대할 때, 그는 늘 상대방의 좋은 점에 초점을 맞춘다. 좋은 것을 기대하고 찾아내려고 노력한다. 그래서 사람들은 남편과 함께 있으면 영이 살아나는 것 같다고 말한다. 절망에 빠졌던 사람도 그와 잠시 대화를 나누거나 함께 기도하고 나면 다시 새롭게 힘을 얻곤 한다.

천국의 나날이 계속되던 어느 날, 저녁 식사를 마치고 남편과 이런저런 이야기를 나눴다. 여느 날과 같은 평화로운 저녁 시간이었다. 그날 저녁도 그는 미래에 대한 기대감으로 한껏 부풀어 발그레한 얼굴로 이야기꽃을 피웠다.

그런데 이상하게도 그의 표정과 말투가 거슬리기 시작했다.

'이 사람은 지나치게 긍정적이야. 너무 성급해. 그러다 실수라도 하게 되면 어쩌려고…. 좀 더 신중할 수는 없을까?'

남편의 그런 성격 때문에 가슴 졸였던 때가 하나둘씩 떠올랐다. 옆에서 조심하며 조마조마했던 순간들이 생각나기 시작했다. 그와 동시에 고개가 갸우뚱 기울어졌다.

'이럴 때 예수님이라면 어떻게 하실까?'

'온 세상을 다스리는 왕이라면 어떻게 행동할까?'

흥에 겨워 열심히 얘기하는 남편을 보고 있자니 그런 그의 모습과 예수님의 모습이 대비되기 시작했다. 그리고 그에게서 더 이상 왕의 위엄이 느껴지지 않았다.

그날 밤, 침대에 누웠는데 남편이 내 얼굴을 물끄러미 들여다보더니 말했다.

"당신 얼굴이 왜 이전과 다르지? 뭔가 아주 악한 결정을 내린 것 같아."

내가 무슨 결정을 했는지 안 했는지는 모르겠지만 이것만큼은 확실해졌다.

'다니엘은 예수님 같지 않구나.'

'내 남편은 왕이 아니야.'

남편이 더 이상 왕처럼, 신랑 되신 예수님처럼 보이지 않았다.

내가 귀찮다는 표정으로 아무 대답도 하지 않자 남편이 대체 무슨 결정을 내린 거냐고 다그쳐 물었다. 순간적으로 나도 모르게 버럭 소리를 질렀다.

"맞아, 악한 결정을 내렸어!"

사실 내가 무슨 결정을 내린 건지 나도 몰랐다.

그러나 바로 그 순간, 내 마음속에서 킹덤이 사라져 버렸다. 평강도, 하늘의 기쁨도, 부부의 연합이 주는 안정감도 함께 사라졌다. 조금 전까지의 상황이 모두 꿈결같이 느껴졌다.

순식간에 한 세계에서 다른 세계로 이동한 것 같은 느낌이었다.

돌아가겠다는 선택

하루아침에 모든 것이 달라지자 스스로도 어리둥절했다. 예수님이 오실 때까지 계속될 줄 알았던 평안한 나날이 물거품처럼 사라져 버렸다. 킹덤을 경험하기 전 같았으면 그럭저럭 살 만하다고 했을지 모르지만 천국을 한번 맛본 이상 다시 예전의 삶으로 돌아간다는 건 고통 그 자체였다.

도대체 어떻게 해야 다시 킹덤으로 돌아갈 수 있을지 방법을 찾고 싶었지만 전혀 알 길이 없었다.

왜냐하면 내가 어떤 노력을 해서 킹덤이 임했던 게 아니었기 때문이다. 내가 한 것은 남편을 왕처럼, 예수님처럼 섬기라는 주님의 말씀에 '예스'로 순종한 것밖에 없었다.

그제야 깨달았다. 지난 몇 달 동안 누렸던 킹덤의 삶은 전적인 하나님의 은혜였다는 것을…. 우리 가족이 누렸던 평강은 하나님께서 거저 부어 주신 복이었다는 것을….

선택해야 했다. 다시 15년간 살았던 옛날로 돌아갈 것인지 아니면 몇 달간 경험했던 킹덤의 시간으로 돌아갈 것인지를 놓고 며칠 동안 고민하다가 결론을 내렸다.

"킹덤으로 돌아가리라."

다시 한 번 주님의 은혜를 구하기로 했다. 내가 할 수 있는 건 기도밖에 없었다.

그날부터 나를 쳐서 복종하는 시간이 시작되었다. 금식 기도를 시작했다.

그동안 금식을 해 본 적이 거의 없었다. 가장 취약한 부분이라고 생각했다. 그런 내가 자원하여 금식에 들어간 것이다. 그것도 하나님의 응답을 무작정 기다리는 금식이 었다.

다니엘에게 금식을 선포하고 나를 위해 기도해 달라고 요청했다. 그런데 남편은 나의 간절한 부탁을 단호하게 거절했다. 나 혼자서 하나님 앞에 나아가야 할 문제이기에 자신이 기도해 줄 수는 없다고 했다.

하나님 앞에 혼자 서야 한다는 사실에 두려웠고, 어떤 결과가 기다리고 있을지 몰라서 불안했다. 두려움 속에서 금식 기도를 시작했다.

갈라디아서 말씀을 묵상했다.

"내가 그리스도와 함께 십자가에 못 박혔나니 그런즉 이제는 내가 사는 것이 아니요 오직 내 안에 그리스 도께서 사시는 것이라 이제 내가 육체 가운데 사는 것은 나를 사랑하사 나를 위하여 자기 자신을 버리신 하나님의 아들을 믿는 믿음 안에서 사는 것이라"(갈 라디아서 2:20).

사흘째가 되자 해답을 찾은 듯 내 안에 한 줄기 빛이 비치는 것 같았다.

'죽어야 하는구나. 그리스도와 함께 십자가에 못 박히는 것이 바로 해답이구나.'

죽기로 작정하자 모든 것이 쉽게 느껴지기 시작했다. 자아가 죽으면 하지 못할 일이 없다. 내 자아가 죽고, 내 생각과 편견이 죽자 남편을 왕처럼, 신랑 되신 예수님처럼 섬기는 것이 힘들지 않았다.

그날 오후, 집에서 갈라디아서 말씀을 거듭 묵상하고 있는데 다니엘에게서 전화가 왔다.

"허니, 이제 당신 금식 그만해도 될 것 같아. 하나님께 맡기고 믿음으로 기다려. 당신의 행위가 아니라 하나님의 은혜가 모든 것을 이루실 거야."

그렇게 해서 나의 금식은 3일 만에 끝이 났다. '자아'라는 덩어리가 떨어져 나간 것 같은 느낌이었다.

우리 가정에도 다시 빛줄기가 비치기 시작했다. 하나님의 말씀을 좇는 게 훨씬 수월해졌다. 마침내 나의 행위가 아닌 하나님의 전적인 은혜로 우리 가정에 다시 킹덤이 임했다.

잃어버렸던 킹덤을 다시 찾은 것이다.

킹덤에 익숙해지기

금식 기도는 한 번으로 끝나지 않았다. 그 후로도 수없이 반복되었다. 남편의 말에 무조건 복종하기 어려울 때마다, 그를 왕처럼 예수님처럼 섬기기 힘들어질 때마다 금식 기도에 들어갔다.

하나님께서는 계속 킹덤에 대해 말씀해 주셨다. 그러면서 깨달았다. 왕이 다스리는 킹덤에서 산다는 게 이토록 낯선 일이라는 것을. 특히 무슨 일이든 이성적으로 분석하기 좋아하고 옳고 그름을 분별한 후에야 동의할까 말까를 결정하는 나 같은 사람이 '무조건 복종'을 배우기란 무척 어렵다는 걸 깨달았다. 그러나 킹덤에서 살려면 왕의 말에 무조건 복종하는 것을 배우지 않으면 안 될 터였다.

넘어질 때마다 십자가를 의지하고 주님의 힘으로 다시 일어섰다. 넘어지고 일어남을 반복하는 동안에 나는 왕의 말에 무조건 복종하는 훈련, 킹덤에서 사는 훈련을 했다.

주님이 왕으로 다스리는 나라에 살면 얼마나 행복할까 상상하곤 했다. 그런데 막상 남편을 예수님처럼, 왕처럼 섬기며 그의 말에 복종하며 살려고 하니 어려운 점이 한두 가지가 아니었다. 이렇게 킹덤에 적응하기 힘들어하는 나 자신을 보면서 여러 가지 생각이 들었다.

만약에 진짜로 예수님이 왕으로 오셔서 온 세상을 다스리시게 되면, 나는 그 나라에서 잘 살 수 있을까? 예수님의 통치를 기쁘게 받을까 아니면 낯설고 힘들어서 도망가고 싶을까? 혹시 이렇게 외치지는 않을까?

"오, 주님. 당신이 왕으로 다스리시는 나라에서 당신의 말씀에 무조건 복종하고 사는 건 너무 힘들어요. 불편해서 싫어요!"

킹덤이 민주주의와 다르다고 하신 말씀이 무슨 뜻인지 조금씩 깨달아졌다.

어쩌면 남편의 말에 복종하는 것이 예수님의 말씀에 복종하는 것보다 더 쉬울지도 모른다는 생각이 든다. 왜냐하면 예수님은 우리의 속마음뿐 아니라 숨은 동기까지도 다 꿰뚫어 보시는 분이기 때문이다.

지금 남편의 말에 복종하는 것을 힘들어 한다면 예수님의 말씀에 온전히 복종해야 하는 킹덤에서 과연 잘 살 수 있을까? 그럴 수 있다고 누가 감히 장담하겠는가.

내가 하나님의 킹덤에 익숙하지 않다는 것을 고백하지 않을 수 없다. 나는 이제라도 하나님의 킹덤에 합당하지 않은 생각과 가치관들을 다 내려놓고 하나님의 법을 익히기 위해 노력한다.

07
하나님이 만드신 사람, 그들은 왕이었다

킹덤 패밀리의 정체성

태초에 하나님이 천지를 창조하셨다. 그리고 하나님의 형상대로 사람 곧 남자와 여자를 창조하시고 그들에게 복을 주셨다.

"하나님이 그들에게 복을 주시며 하나님이 그들에게 이르시되 생육하고 번성하여 땅에 충만하라, 땅을 정복하라, 바다의 물고기와 하늘의 새와 땅에 움직이는 모든 생물을 다스리라 하시니라"(창세기 1:28).

남자와 여자는 하나님의 명령대로 땅을 정복하고 모든
생물을 다스리는 자들이었다. 하나님께서 당신의 권한을
사람에게 위임하신 것이다. 그들은 하나님의 마음으로 정
복하고 다스리는 왕들이었다.

아담과 그의 아내는 하나님이 만드신 첫 번째 가정이
요 에덴의 킹덤이었다. 아담과 그의 아내가 다스린 에덴
은 복되고 기름지며 생명이 있는 땅이었다. 아담은 셀 수
도 없이 다양한 생물들의 이름을 빠짐없이 다 알았다. 왜
냐면 바로 그가 이름을 지어 주었기 때문이다.

뿐만 아니라 생물들을 각각 특성에 맞게 돌볼 줄도 알
았다. 두 사람이 그 많은 생물들을 돌보는 데 전혀 부족함
이 없었다. 그들의 보살핌 아래 에덴의 각종 생물들은 행
복을 누렸다.

만약에 문제가 생기면 아담은 즉시 답을 찾을 수 있었
다. 하나님을 알고 에덴의 원리를 알기 때문이다. 하나님
의 형상으로 지음을 받은 아담과 그의 아내는 하나님이
피조물들을 축복하셨듯이 자신들의 다스림 안에 있는 땅
과 물과 모든 생물들을 축복했다.

이것이 바로 첫 가정, 즉 킹덤 패밀리의 원형이다. 하나님께서는 태초부터 어마어마하게 큰 조직을 만들지 않으셨다. 한 남자와 한 여자로 이루어진 가정을 만드셨다.

세상은 가정을, 사회를 구성하는 최소 단위라고 정의한다. 그러나 하나님은 가정을, 특히 부부를 모든 관계의 기초라고 정의하신다.

왜 하나님께서는 부부를 만드시고 나서 '보시기에 심히 좋았더라'라고 하며 창조의 완성을 선포하셨을까? 자신이 있으셨기 때문이다. 부부의 연합에 크고 놀라운 비밀이 숨겨져 있다.

가정은 하나님으로부터 위임 받은 권세를 지닌 왕이 다스리는 킹덤이다. 가족이 킹덤 패밀리가 될 때 이 땅에 회복이 일어나고 하나님의 나라가 임한다.

나는 하녀인가요?

다니엘은 다시 미시간 대학으로 돌아가 학생들을 가르쳤다. 그리고 GSP(Global Scholars Program)라는 새로운 프로그램을 만들어 학생들을 데리고 중국 여행을 다녀오는 등 조금 더 활발하게 활동했다.

글로벌 기도 여행 후의 변화는 매우 컸다. 그는 말씀과 기도에 빠져들었다. 한번 성경을 읽기 시작하면 몇 시간이고 내리 읽었고, 늘 하던 새벽 기도 시간이 두세 시간으로 늘어났다. 특별한 일정이 없는 한 오전 시간은 주로 기도로 보냈다.

남편은 미시간 대학에서 학생들을 가르치는 중에 짬짬이 비는 시간을 이용하여 열방을 돌며 하나님이 하시는 일을 보고 기도하며 자신을 드렸다.

그동안 나는 세 아이의 엄마 아빠 역할을 동시에 해내느라 발바닥에 땀이 나도록 살았다. 고장 난 물건은 웬만하면 스스로 고치고 무거운 짐도 알아서 옮기곤 했다. 그러다 보니 동네에서 내 별명이 '슈퍼 싱글맘(Super Single-mom)'이었다.

예전에는 다니엘이 집에 돌아오면 긴장이 풀린 탓에 몸살이 나기도 했다. 세 아이를 혼자서 보느라 아플 틈도 없이 긴장하며 살았던 것이다.

그런데 남편을 왕으로 섬기기로 한 다음부터는 긴장을 늦출 수가 없었다. 왕이 집으로 돌아오시는데 청소라도 하고, 왕의 식탁에 올릴 음식을 정성스럽게 준비해야 했다.

분주하게 움직이며 남편을 섬기다가 문득 의문이 생겼다.

"대체 나는 뭘까?"

왕의 마음을 살피고 그의 필요를 채워 주기 위해 바쁜 하녀 같았다.

"주님, 제 자신이 마치 하녀가 된 것 같아요. 남편을 왕으로 모시려면 저는 이렇게 하녀처럼 살아야 하는 건가요?"

갑자기 암담하고 우울해졌다.

엄마는 퀸이야

남편을 예수님처럼 왕처럼 섬기기 시작한 지 반년쯤 흐른 2009년 한여름이었다.

다니엘이 학장으로 섬기는 GLDI 때문에 온 가족이 캘리포니아에서 지내다가 산호세에 있는 지인을 만나고 로스앤젤레스로 돌아가는 길이었다. 고속도로 휴게소 화장실에 들렀는데, 막내 조셉이 내가 손을 씻는 동안 종이 타월을 손에 들고 옆에 서 있는 것이었다.

"조셉, 뭐하는 거니?"

"엄마는 왕비(Queen)야! 내가 엄마 손을 닦아 줄게. 왕비는 이렇게 하는 거야!"

그러더니 종이 타월로 내 손의 물기를 닦아 주었다. 나는 정말 왕비라도 된 듯 가만히 서서 기다렸다.

당시 일곱 살이었던 조셉은 틈만 나면 엄마에게 왕비 대접을 해 주었다. 주말 아침이면 침대에 누운 채로 아침 식사를 서비스 받기도 했는데, 조셉이 들고 온 쟁반에는 시리얼과 오렌지주스와 바나나가 놓여 있곤 했다. 어떤 때는 디저트로 초콜릿을 준비하기도 했다. 세상에 이런 호사가 따로 없을 것 같았다.

조셉이 나를 왕비로 대접해 줄 때마다 사랑스러워서 눈물이 날 지경이었다. 천진한 아이의 왕비 놀이가 참 귀엽다고 생각했다.

그런데 어느 순간 문득 한 장면이 떠올랐다. 남편을 왕처럼 섬기느라 너무 지쳐서 내 자신이 초라하게 느껴질 때 하나님께 이렇게 하소연한 적이 있다.

"주님, 제가 마치 하녀가 된 것 같아요. 남편은 왕이고 저는 하녀인가요?"

그 질문에 대한 하나님의 대답을 조셉을 통해 받고 있었던 것이다.

"딸아, 너는 왕비란다!"

'아, 그렇구나. 나는 하녀가 아니었구나. 남편을 왕으로 섬기느라 분주했지만 그것은 하녀의 일이 아니라 왕비의 일이었구나.'

깨달음과 동시에 머릿속이 시원해지는 것 같았다.

그 뒤로 남편을 섬기는 나의 내면의 태도가 달라졌다. 겉보기에 달라진 것은 없지만 왕비의 권세를 가지고 당당하게 일했다. 왕의 정체성이 온전히 드러나고 왕으로서 감당해야 할 일을 잘할 수 있도록 돕는 특권을 기쁜 마음으로 누렸다.

그리고 왕비는 왕을 섬김으로써 왕이 하는 일에 동참한다는 것을 깨달았다. 내가 하는 작은 일 하나하나가, 식탁을 차리는 일까지도 모두 왕과 함께 다스리는 일이었던 것이다. 왕을 섬기는 왕비의 권세로 집안일을 통해서도 열방을 섬기고 다스리는 일에 참여할 수 있다는 사실이 감격스러웠다.

비로소 의무감이 아닌 자유함으로 남편과 아이들을 섬길 수 있게 되었다.

신부가 된다는 것

왕비의 정체성을 깨달은 이후에 자신을 돌아보니 내 안에 '하녀 의식'이 꽤 뿌리 깊게 박혀 있음을 발견했다.

내가 하나님의 자녀로서 얼마나 존귀한 자인지 알지 못한 채, 나의 가치를 일의 성과로 인정받으려 했다는 것을 알게 되었다. 나의 가치는 늘 평가의 대상이었고 좋은 평가를 받기 위해 항상 조바심을 내며 살아야 했다. 그런 나의 모습은 하녀와 다름없었다.

왕이신 신랑 예수의 신부는 왕비다. 예수님이 왕으로서 온 세상을 통치하실 때 그 옆에 선 신부도 신랑과 함께 세상을 통치하게 된다.

나는 신랑 예수를 기다리는 신부다. 더 이상 하녀처럼 일을 가지고 주님 앞에 나가지 않기로 하자 인정받기 위해 조급했던 이전의 마음이 평강을 갖게 되었다.

신랑 예수와 신부의 영적 관계가 땅에서는 남편과 아내의 관계로 나타난다는 것을 새삼 깨달았다.

남편의 일이 곧 나의 일이고, 나도 그의 세계에서 함께 일하며 다스린다는 것을 깨달은 이후로 남편의 관심사와 그가 하고 있는 사역에 대해 이야기를 듣는 것이 즐거워졌다. 그 이전에도 대화를 많이 나눴지만 대하는 태도가 달라진 것이다.

남편이 늘 내게 하던 말이 있다.

"내가 가진 모든 것이 다 당신 거야."

결혼 생활 내내 수도 없이 많이 들었지만 공감이 되지는 않았었다. 그의 것을 내 것이라고 해도 되는 건지…, 왠지 마음이 불편했다. 그러고 싶지도 않았다. '내가 수고하지도 않았는데 어떻게 내 것이라고 주장하나' 하는 '하녀 의식'이 있었던 것이다.

그런데 이제는 남편 것이 곧 내 것이라는 말의 의미를 안다. 그래서 내 것이라고 당당하게 주장할 수 있다. 하녀가 아니라 왕비로서 말이다.

신랑의 신부가 된다는 건 참 신비로운 일이다. 신랑의 정체성이 신부에게도 고스란히 옮겨지기 때문이다. 신랑이 가진 모든 것이 신부의 소유가 된다. 신랑의 권세 또한 신부의 권세가 된다. 신랑의 지위가 곧 신부의 지위이기도 하다. 신랑과 신부가 하나이기 때문이다.

시편 45편에 보면 왕의 혼인식을 축하하는 노래가 나온다. 그 왕은 영화와 위엄을 가졌고, 진리와 온유와 공의로 위엄 있는 모습이다. 그 훌륭한 왕의 곁에는 수많은 왕족의 여인들이 있다. 그런데 혼인식 날의 주인공인 신부, 왕후가 되는 그녀에 대해 다음과 같이 말하고 있다.

> "딸이여 듣고 보고 귀를 기울일지어다 네 백성과 네
> 아버지의 집을 잊어버릴지어다 그리하면 왕이 네 아
> 름다움을 사모하실지라 그는 네 주인이시니 너는 그
> 를 경배할지어다"(시편 45:10-11).

왕후가 되는 그 여인이 어떤 여인이든, 그녀의 배경과 지난 삶이 더이상 중요하지 않다고 말한다. 이전의 모든 것, 즉 아버지의 집과 백성을 모두 잊어버리라고 말한다. 대신 왕후로서 힘써야 할 한 가지가 있다.

이제부터 남편인 왕을 주로 섬기며 경배하는 것이 그녀의 목적이 되어야 한다. 어느 아버지의 딸이 아니고, 어느 나라 출신의 여자도 아니다. 그녀의 새 이름은 왕의 신부다. 그녀의 신분은 남편에 의해 다시 정의되었다. 왕의 눈에는 자신의 새로운 신분을 기뻐하는 신부가 더할 나위 없이 사랑스럽다.

"알겠습니다, 주님. 이제부터 남편의 신부인 것을 기뻐하겠습니다! 그리고 남편의 모든 것이 또한 저의 것입니다!"

나는 비록 집에 머물러 있어도 남편과 함께 열방을 다

니는 셈이다. 그가 하는 일이 곧 내 일이요, 주님이 그에게 주신 사역을 나도 함께 감당하고 있다.

이것은 주님이 부부에게 주신 놀라운 신비다.

예수님이 다시 찾은 왕권

하나님이 세우신 최초의 킹덤은 하나님이 주신 법, 즉 선악과를 먹지 말라는 법을 어김으로써 파괴되었다. 하나님이 세우신 킹덤에서 추방당한 두 사람은 자녀들을 낳으며 생명을 이어 갔다.

하나님은 이어지는 세대들에게도 계속해서 복을 주셨다.

"생육하고 번성하여 땅에 충만하라"(창세기 1:28a).

노아와 그의 아들들에게, 아브라함에게, 이스마엘에게, 이삭에게, 야곱에게… 이어지는 세대들에게 생육하고 번성하여 땅에 충만할 것을 말씀하셨다. 그런데 에덴에서의 선악과 사건 이후 더 이상 들리지 않는 말씀이 있다.

"땅을 정복하라… 모든 생물을 다스리라"(창세기 1:28b).

선악과 이후의 세대들에게는 땅을 정복하고 모든 생물을 다스리는 왕의 역할을 더 이상 허락하시지 않는다. 왜일까? 선악과를 먹음으로써 킹덤의 법을 거역한 세대에게 하나님의 킹덤을 위임하실 수 없다는 것일까?

인류의 죄를 대속하기 위해 하나님은 당신의 독생자를 이 땅에 보내셨다.

"여호와는 맹세하고 변하지 아니하시리라 이르시기를 너는 멜기세덱의 서열을 따라 영원한 제사장이라 하셨도다"(시편 110:4).

그분은 정해진 임기 동안만 섬기는 레위 지파의 제사장이 아니라 영원한 제사장으로 당신의 아들을 이 땅에 보내셨다. 예수님이 우리를 위하여 드리는 제사는 단번에 우리의 모든 죄를 속하는 제사다.

영원한 제사장인 예수님은 또한 친히 인류의 죄를 대속하기 위해 드려야 하는 제물, 즉 세상 죄를 지고 가는 하나님의 어린양이 되셨다. 스스로가 제물이 되신 것이다. 그리고 그 어린양의 제사는 모든 인류의 죄를 단번에 속하기에 충분했다.

또한 예수님의 영원한 제사장직은 레위 지파의 아론의 반차를 따르지 않고 멜기세덱의 반차를 따른다.

멜기세덱의 반차를 따르는 영원한 제사장으로서, 세상 죄를 지고 가시는 어린양으로 오신 예수님이 이루신 것은 무엇일까?

예수님이 오실 길을 준비했던 세례 요한은 유대 광야에서 백성에게 외쳤다.

> "회개하라 천국(하늘의 킹덤)이 가까이 왔느니라 하였으니"(마태복음 3:2).

드디어 예수님이 세상 가운데 나타나셨는데 세례 요한은 그분이 누구인지 설명하는 대신에 천국이 가까이 왔다고 외쳤다. 그리고 예수님 자신도 사역의 초두에 그 동일한 선포를 외치셨다.

도대체 예수님의 출현과 킹덤의 도래가 무슨 연관이 있단 말인가?

예수님은 기회가 있을 때마다 많은 사람과 제자들에게 킹덤에 관해 말씀하셨다. 킹덤에 들어가기에 합당한 사람은 누구인지, 그곳에서 적용되는 법은 이 땅의 법과 어떻게 다른지, 킹덤의 특성은 어떤 것이 있는지 등등. 그리고 제자들에게 천국(킹덤) 복음을 땅끝까지 전하라고 명령하셨다. 공생애 기간 내내 마치 예수님의 관심은 온통 킹덤에 있었던 듯하다.

그렇게 땅의 사역을 마치고 예수님은 십자가에 달리셨다.

"예수께서 신 포도주를 받으신 후에 이르시되 다 이루었다 하시고 머리를 숙이니 영혼이 떠나가시니라"(요한복음 19:30).

예수님은 마지막 호흡을 몰아쉬며 무엇을 다 이루었다고 선포하셨던 걸까?

십자가 위에서 숨을 거두신 예수님을 바라보는 몇 안 되는 제자들과 여자들의 절망적인 마음에는 많은 질문들이 있지 않았을까?

'이렇게 끝나고 마는 건가?'

'무엇을 다 이루셨다는 거지?'

숨을 거둔 주님은 아무 대답도 없으시다. 그러나 그 정지된 장면 속에 주님께서는 자신이 마지막 순간에 무엇을 다 이루셨는지 세상에 보여 주고 계신다.

"그 머리 위에는 이는 유대인의 왕 예수라 쓴 죄패를 붙였더라"(마태복음 27:37).

돌아가시는 마지막 순간에 주님의 머리 위에 있던 팻말은 그분이 누구신지를 온 세상에 선포하고 있다. 그동안 사람들은 그분을 선지자 중의 한 사람이라고만 여겼다. 그러나 마지막 순간 그의 머리 위에는 그가 왕이심을 온 천하에 공식적으로 선포하는 팻말이 붙어 있었다.

주님은 왕이시다. 우리의 왕이시고 또한 온 인류의 왕이시다.

주님이 십자가에 달리심으로 말미암아 에덴에서 잃어버렸던 왕권이 다시 회복되었다. 그래서 주님은 자신을 믿고 따르는 자들에게 새로운 이름을 주셨다.

"왕 같은 제사장"(베드로전서 2:9).

에덴에서 주셨던 정복하고 다스리는 왕권과 함께 죄악된 세상을 죄에서 구속하는 제사장의 직분을 우리에게 주신 것이다. 왕 같은 제사장으로 감당해야 할 사명은 바로 이런 것이다.

"예수께서 나아와 말씀하여 이르시되 하늘과 땅의 모

든 권세를 내게 주셨으니 그러므로 너희는 가서 모든 민족을 제자로 삼아 아버지와 아들과 성령의 이름으로 세례를 베풀고 내가 너희에게 분부한 모든 것을 가르쳐 지키게 하라 볼지어다 내가 세상 끝날까지 너희와 항상 함께 있으리라 하시니라"(마태복음 28:18-20).

즉 모든 민족을 제자 삼아 그들의 왕 같은 제사장의 정체성을 회복시키고 킹덤의 법인 하나님의 말씀을 가르쳐 지키게 하는 것이 왕 같은 제사장의 사명이다. 예수님은 에덴에서 잃어버린 킹덤을 십자가 위에서 회복하셨고 우리들의 왕권을 회복시키셨다.

돕는 배필의 사명, 킹 메이커

하나님의 킹덤을 회복하기 위해 사람의 몸으로 오셔서 십자가에 달리신 예수님으로 말미암아 에덴에서 잃어버렸던 왕의 권세가 다시 인간에게 주어졌다. 예수님이 그 첫 열매가 되셨다.

그리고 성경은 그를 따르는 모든 자들도 예수님의 권

세를 가지게 될 것을 노래하고 있다(계 5:9b-10).

예수님은 제자들에게 기도하는 법을 이미 가르치셨다.

"하늘에 계신 우리 아버지여 이름이 거룩히 여김을 받
으시오며 나라가 임하시오며 뜻이 하늘에서 이루어
진 것같이 땅에서도 이루어지이다"(마태복음 6:9b-10).

예수님이 모든 것을 이루고 스스로 첫 열매가 되셨으나
그 뜻이 이 땅에 임하여 이루어지기 위해서는 우리들이 감
당해야 할 몫이 있다. 그래서 예수님을 믿고 따르는 자들
은 그때로부터 지금까지 2천 년 동안 이것을 위해 동일한
기도를 해 왔던 것이다. 마치 에덴동산에서 하나님이 지으
셨던 신부를 통하여 킹덤이 완성되었던 것처럼 신부들을
통하여 주님의 기도가 이루어질 수 있다.

6일 동안 세상 만물을 만드시며 하나님께서는 매우 흡
족해하셨다. 매번 하셨던 말씀은 '보시기에 좋았더라'였다.
그리고 드디어 하나님의 형상과 모양을 따라 사람을 만드
셨다.

그런데 다른 생물들과는 구별하여 특별하게 만드신 사
람을 보시고 하나님께서는 처음으로 '좋지 않다'는 평가를

스스로 내리신다.

"여호와 하나님이 이르시되 사람이 혼자 사는 것이 좋
지 아니하니 내가 그를 위하여 돕는 배필을 지으리라
하시니라"(창세기 2:18).

아담은 하나님을 대신하여 에덴동산에 있는 생물을 다
스려야 하는 사명을 가진 자다. 그런데 혼자 있는 아담이
좋지 않게 보이셨다는 것은 혼자서는 그 사명을 온전히
감당할 수 없기 때문이 아니었을까?

그래서 하나님은 아담을 위하여 '돕는 배필'을 지으셨
다. 아담이 하나님의 마음과 말씀으로 온 땅을 정복하고
모든 생물을 다스리는 사명을 잘 감당할 수 있도록 돕는
사람으로 그에게 아내를 만들어 주신 것이다. 그녀를 만
드시고 나서 '보시기에 심히 좋았더라'고 스스로 감탄하
셨고 드디어 창조의 대단원을 마치고 안식하시게 되었다.

예수님이 되찾으신 킹덤을 이 땅에 오게 하기 위하여
주님은 신부들을 부르신다. 예수님을 신랑이라 부르는 이
땅의 신부들이 그들의 남편을 예수님처럼 왕처럼 섬김으
로써 하늘에서 이루어진 뜻을 이 땅에서 이루는 일을 감

당하도록 하신다.

예수님을 통하여 다시 찾은 왕의 권세가 남편에게서 드러날 수 있도록 돕는 자가 바로 이 땅의 신부들이다.

예수님은 신부들에게 많은 기대를 갖고 계신다.

"아내들아 이와 같이 자기 남편에게 순종하라 이는 혹 말씀을 순종하지 않는 자라도 말로 말미암지 않고 그 아내의 행실로 말미암아 구원을 받게 하려 함이니"

(베드로전서 3:1).

남편에게 순종하는 아내의 행실은 한 영혼을 구원할 수 있는 놀라운 영향력을 가졌다. 영혼 구원이 하나님의 주권에 속했음에도 불구하고 주님은 남편의 영혼 구원을 아내된 자들과 함께 이루기를 원하시는 것 같다. '아내'라는 이름을 가진 여자의 영향력이 얼마나 큰지, 그리고 그 여자를 향한 하나님의 기대가 얼마나 큰지 말로 다 할 수 없다. 그리고 남편의 구원뿐만 아니라 그의 정체성을 다시 온전케 하는 데 아내들을 사용하신다.

"믿음은 바라는 것들의 실상이요 보이지 않는 것들의

증거니"(히브리서 11:1).

현재 눈에 보이는 남편의 모습이 예수님의 모습과 다르고, 권세 있는 왕의 모습과 다를지라도, 주님은 하나님이 지어 주신 그의 실상을 믿음의 눈으로 바라보기 원하신다. 그의 원래의 정체성이 왕이었음을 보기 원하시고, 마침내 나의 육신의 남편이 영원한 신랑이신 예수님과 같은 사람으로 변화될 것을 믿기 원하신다. 아내는 믿음으로 남편이 하나님 안에서 결국 어떤 사람이어야 하는지, 하나님이 원하시는 그 궁극적인 모습을 바라볼 수 있다.

하나님 나라의 완성을 위해 부르신 그리스도의 신부의 삶은 어떤 모습일까? 하나님께로부터 놀라운 지혜를 선물로 받았던 솔로몬 왕은 한 여인에 대해 이야기하며 지혜에 관한 글을 마감하고 있다.

"누가 현숙한 여인을 찾아 얻겠느냐 그의 값은 진주보다 더 하니라 그런 자의 남편의 마음은 그를 믿나니 산업이 핍절하지 아니하겠으며 그런 자는 살아 있는 동안에 그의 남편에게 선을 행하고 악을 행하지 아니하느니라 그는 양털과 삼을 구하여 부지런히 손으로 일하며 상인의 배와 같아서 먼 데서 양식을 가져 오며 밤이 새기 전에 일어나서 자기 집안 사람들에게 음식을 나누어 주며 여종들에게 일을 정하여 맡기며 밭을 살펴 보고 사며 자기의 손으로 번 것을 가지고 포도원을 일구며 힘 있게 허리를 묶으며 자기의 팔을 강하게 하며 자기의 장사가 잘 되는 줄을 깨닫고 밤에 등불을 끄지 아니하며 손으로 솜뭉치를 들고 손가락으로 가락을 잡으며 그는 곤고한 자에게 손을 펴며 궁핍한 자를 위하여 손을 내밀며 자기 집 사람들은 다 홍색 옷을 입었으므로 눈이 와도 그는 자기 집 사람들을 위하여 염려하지 아니하며 그는 자기를 위하여 아름다운 이불을 지으며 세마포와 자색 옷을 입으며 그의 남편은 그 땅의 장로들과 함께 성문에 앉으며 사람들의 인정을 받으며 그는 베로 옷을 지어 팔며 띠를 만들어 상인들에게 맡기며 능력과 존귀로 옷을 삼고 후일을 웃으며 입을 열어 지혜를 베풀며 그의 혀로 인애의 법을 말하며 자기의 집안 일을 보살피고 게을리 얻은 양식을 먹지 아니하나니 그의 자식들은 일어나 감사하며 그의 남편은 칭찬하기를 덕행 있는 여자가 많으나 그대는 모든 여자보다 뛰어나다 하느니라 고운 것도 거짓되고 아름다운 것도 헛되나 오직 여호와를 경외하는 여자는 칭찬을 받을 것이라 그 손의 열매가 그에게로 돌아갈 것이요 그 행한 일로 말미암아 성문에서 칭찬을 받으리라"(잠언 31:10-31).

그녀가 집안에서 혹은 집 밖에서 하는 모든 행동들은 한 가지 목적을 가지고 있는 듯하다. 사람들의 존경을 받으며 세상을 다스리는 남편은 어쩌면 그녀가 하는 모든 일의 목적이지 않을까?

그 사명을 감당하고 있는 여인은 권세를 지닌 놀라운 모습이다. 그녀의 자녀들은 존귀하고, 그 집안의 사람들은 안전하며, 집 밖의 사람들조차 그녀에게는 베풂의 대상이다. 그녀를 통하여 넘치는 축복이 흘러나가고 있다. 하나님께서는 그녀의 삶을 그 어느 것과 비교할 수 없는 귀한 것이라고 평가하신다.

이 땅에서의 삶을 마치고 주님 앞에 서게 될 때 나는 삶에 대한 평가를 받게 될 것이다.

"주님, 저는 주님을 위하여 이런 수고를 했고요, 저런 수고도 했어요…."

그런데 나의 모든 설명을 뒤로하고 주님은 내게서 꼭

듣고 싶어 하시는 것을 물으실 것 같다.

"남편을 돕는 배필로서 어떻게 살았니?"

그것이 바로 여자인 나를 만드신 이유이기 때문이다.

나의 인생 노트에 쓰인 리스트들을 훑어보기 시작한다. 돕는 배필의 사명은 리스트의 어디쯤에 있었지? 주님 앞에서 부끄러운 얼굴빛을 감추지 못하며 나는 이제라도 '돕는 배필'을 리스트의 맨 윗쪽에 올려놓는다.

08
/
선악과 대신 생명나무를
선택해야 한다

선악과의 유혹

킹덤 패밀리로서 살기 위해 애쓰면서 느낀 것은 왕이
다스리는 킹덤 자체가 참으로 낯설다는 것이다.

남편이라는 한 남자를 예수님처럼, 왕처럼 섬기는 게
힘들 때마다 나는 금식 기도에 들어갔다. 처음에는 다시
금식에 들어가기까지 기간이 짧고 횟수도 많았지만 점점
버티는 기간이 길어지더니 금식의 횟수가 현저히 줄어들
었다. 때로는 몇 달 동안 금식 기도를 한 번도 하지 않고

보낼 때도 있었다.

그렇다. 왕이 다스리는 킹덤에 조금씩 익숙해져 가고 있었던 것이다. 남편이 하는 말을 마치 왕의 입에서 선포되는 법처럼 받아들이고 순종하는 것에도 익숙해지고 있었다.

마음의 여유가 생기자 주님이 직접 통치하실 온전한 킹덤에서는 부부 관계가 어떻게 변할지 궁금해졌다.

"그때도 아내는 남편의 말에 무조건 복종해야 할까?"

그저 스쳐 가는 질문이었는데, 나는 어느새 그 질문에 대한 해답이 어딘가에 있을지도 모른다는 생각에 성경책을 뒤적이고 있었다.

"그리스도를 경외함으로 피차 복종하라"(에베소서 5:21).

이 구절을 발견하자 마음이 시원해졌다. 특히 이 구절 다음에 "아내들이여 자기 남편에게 복종하기를 주께 하듯 하라"(엡 5:22)는 말씀이 나온다는 사실이 의미심장하게 여겨졌다. 무엇보다도 '먼저' 피차 복종하라고 하지 않았는가.

"'피차 복종'이라면 남편도 아내의 말에 복종할 수 있는 게 아닐까?"

머릿속에 남편과 아내가 서로 복종하는 아름다운 가정의 모습이 그려지기 시작했다.

그날 오후 나는 남편에게 내가 발견한 것들을 들려주었다. 온전한 킹덤이 임한 가정에서는 남편과 아내가 피차 복종하는 게 맞는 것 같다고 설명했다. 그리고 그렇게 생각하는 이유를 조목조목 설명했다.

서로 존중하고 존중받는 그런 부부의 모습이 얼마나 이상적인지 이야기를 하면 할수록 스스로 감탄했다. 그가 이상적인 부부가 이루는 온전한 킹덤을 이해할 수 있도록 열심히 설명해 주었다.

"아내가 남편의 말에 무조건 복종해야 한다는 주장은 아마도 우리가 아직 죄의 영향권 아래에 있는 세상에서 살고 있기 때문일지도 몰라. 온전한 킹덤에서는 피차 복종해야 하는 거 아닐까?"

조용히 듣고 있던 남편이 한마디 했다.

"당신 이야기가 논리적으로는 맞는 것 같은데…, 왠지 마음에 감동이 오질 않는군."

다음에 이야기를 더 나누기로 하고 잠자리에 들었다.

다음 날 다니엘과 나는 새벽 기도를 드리러 함께 교회에 갔다. 새벽 기도 시간 내내 내 머릿속은 간밤의 대화로 가득했다. 남편도 우리가 나눴던 대화를 묵상하고 있는 듯했다.

내 생각은 이미 결론 나 있었다. 단지 이것을 남편에게 어떻게 표현해야 그를 이해시킬 수 있을까 고심 중이었다. 아내가 남편의 말에 무조건 일방적으로 복종해야 하는 건 죄악된 세상의 불합리함 때문임을 이해시키고 싶었다.

새벽 기도 내내 내 마음은 성경책을 뒤적이고 있었다. 남편과 아내가 피차 복종하며 서로 존중해야 하는 근거를 찾아가고 있었다.

기도를 마치고 집으로 돌아와 차를 세워 둔 채로 남편과 이야기를 나눴다. 나는 머릿속에 정리해 둔 성경 구절들을 예로 들어가면서 남편이 잘 이해할 수 있도록 조리 있게 말하려고 노력했다. 짧은 시간에 내 머리는 성경책을 쭉 훑었다. 남편의 얼굴빛을 살펴 가며 최선의 노력을 기울이고 있었다.

한참을 설명하고 있는데, 그런 나를 향해 뒤에서 누군가가 나지막하게 말하는 음성이 들려왔다. 처음부터 뒷좌석에 앉아서 내 이야기를 다 듣고 있었던 것처럼 말이다.

"네가 지금 선악과를 먹고 있구나."

나는 흠칫 놀라 하던 이야기를 멈추고 백미러를 통해 혹시 뒤에 누가 있는지 살폈다. 그러나 보이는 건 새벽녘의 동네 풍경뿐이었다. 한 대 맞은 것처럼 머리가 띵했다.

그때 깨달았다. 내 생각을 변론하기 위해 성경책을 뒤적인 것이 바로 선악과를 따 먹는 것과 같은 죄였다는 것을.

나는 그 자리에서 남편에게 잘못을 고백하고 진심으로 사과했다. 킹덤 패밀리의 여정을 다시 시작하겠노라고 약속했다. 그리고 하나님 앞에 회개했다.

하나님께서는 내게 남편의 말에 무조건 복종하라는 한 가지만을 명령하셨는데, 나는 그 명령에 순종하지 않아도 될 근거를 찾아 그럴듯한 변명을 늘어놓았던 것이다. 내가 원하는 바를 이루려고 하나님의 말씀을 내 마음대로 인용해 가며 선악과를 먹은 것이다.

무엇이 선하고 아닌가가 중요한 것이 아님을 알게 되었다. 중요한 것은 하나님의 명령에 '순종하느냐 불순종하느냐'인 것이다.

하나님은 오늘도 내게 말씀하신다.

"동산 각종 나무의 열매는 네가 임의로 먹되 선

악을 알게 하는 나무의 열매는 먹지 말라"(창세기 2:16b-17a).

최초의 킹덤은 선악과로 인해 무너졌다. 에덴동산에 있었던 선악과는 오늘도 내 앞에 존재한다.

이 시대에 킹덤을 다시 회복하기 위해 우리는 선택해야 한다. 선악과를 먹을 것인가 아니면 생명나무의 열매를 먹을 것인가?

머리가 없어야 돼요

하나님께서는 남편을 아내의 머리라고 하셨다. 머리의 역할이 무엇인가? 모든 의사 결정을 하며 몸의 각 부분에 명령을 내린다. 각 지체는 머리에서 내린 명령에 의해 움직인다.

아내가 남편을 자신의 머리로 인정한다는 것은 남편의 판단과 의사 결정을 존중하며 그에 따라 움직인다는 뜻이다. 그런데 이것이 참 쉽지 않은 일이다. 왜냐면 여자에게도 생각하고 판단할 수 있는 머리가 있기 때문이다.

내 생각과 남편의 생각이 같은 때에는 전혀 문제가 없

다. 그러나 때로 내 머리에서 내려지는 판단이 남편의 머리에서 나온 판단보다 더 지혜롭고 옳은 것처럼 여겨질 때가 있다. 그럴 때 남편을 머리로 인정하기란 결코 쉬운 일이 아니다.

그런데 하나님께서는 그런 순간에도 남편을 머리로 인정하고 복종하라고 말씀하신다. 내가 이해할 수 있을 때만이 아니라 이해할 수 없을 때도 남편에게 복종해야 한다고 말씀하신다.

"아내들이여 자기 남편에게 복종하기를 주께 하듯 하라 이는 남편이 아내의 머리 됨이 그리스도께서 교회의 머리 됨과 같음이니 그가 바로 몸의 구주시니라 그러므로 교회가 그리스도에게 하듯 아내들도 범사에 자기 남편에게 복종할지니라"(에베소서 5:22-24).

2011년 10월, 열방기도성회에 참석하기 위해 예루살렘을 방문했다. 세계 각지에서 많은 사람들이 모여들었다. 한국인들도 제법 많이 왔다.

하루는 오후 시간에 기도를 하는데 옆자리에 앉은 한국인 자매가 갑자기 통곡하며 기도하기 시작했다. 북한을 향한 하나님 아버지의 마음이 자매에게 부어졌나 보다 생각했다. 얼마나 애틋하게 기도하던지 '하나님께서 북한을 저렇게도 사랑하시는가!' 하고 감동할 정도였다. 사람들이 모두 그 자매의 주위에 둘러앉아 함께 기도하기 시작했다. 북한 땅에 밤낮 쉬지 않고 하나님을 예배하고 찬양하는 기도의 집이 세워지도록 합심하여 기도했다.

한참 후에 여전히 복받쳐 오르는 상태에서 기도가 마무리되었다. 나는 아직도 울먹이고 있는 그녀의 손을 꼭 잡아 주었다. 그녀도 내 손을 잡더니 내 두 눈을 뚫어져라 쳐다봤다. 그러더니 훌쩍이면서 말했다.

"자매님, 머리가 없어야 돼요. 주님이 그러시는데… 머리가 없어야 된대요."

'북한을 위해 기도하던 사람이 왜 갑자기 엉뚱하게 머리 이야기를 하는 거지?' 하며 어리둥절해 했지만 곧 나도 천천히 고개를 끄덕였다.

"그래, 맞아요. 머리가 없어야 돼요."

그녀는 자기가 무슨 말을 한 건지 그 뜻을 다 이해하지 못했을 수도 있다. 그러나 나는 그녀의 입을 빌어 말씀하시는 하나님의 마음을 어렴풋이 알 것 같았다.

'예수님을 통하지 않은 머릿속의 지식들을 버리고, 주

님께서 모든 생각을 다스리시도록 내어 드려야 한다.'

하나님의 말씀에 순종하는 데 가장 힘든 장애물을 꼽으라면 그것은 다름 아닌 내 머릿속의 생각들이다. 그 생각들이 모여 내 삶의 가치관이 되었다. 그리고 그 가치관이 나로 하여금 말씀에 순종하는 것을 가로막고 있음을 깨달았다.

'어떻게 남편의 말에 무조건 복종한담? 지금은 누가 뭐래도 남녀 평등시대가 아닌가!'

'나도 머리가 있는데, 왜 남편이 내 머리가 되어야 해? 아무리 생각해도 비합리적이야.'

이런 생각들이 올라오면 머리가 복잡해진다. 해답을 찾으려고 노력해도 시원한 답을 찾기가 힘들다. 그런 내게 주님은 내 머릿속 지식들이 세례를 받아야 할 필요가 있음을 알려 주셨다.

40여 년을 살아오며 듣고 보고 배운 많은 지식들, 이제는 견고하게 가치관으로 자리 잡은 그 지식들이 어디에서 왔는가? 많은 부분이 하나님으로부터 온 것이 아님을 고백하지 않을 수 없다. 세상으로부터 온 지식들로 가득찬 내 머리를 가지고는 하나님께 순종하는 것이 쉬운 일이 아니다.

"너희는 이 세대를 본받지 말고 오직 마음(생각)을 새
롭게 함으로 변화를 받아 하나님의 선하시고 기뻐하
시고 온전하신 뜻이 무엇인지 분별하도록 하라"(로마
서 12:2).

"하나님, 제 머리 좀 어떻게 해 주세요!"

내 머리로 이해가 되지 않는 말씀을 하실 때마다, 나의
가치관과 다른 것을 주님이 명령하실 때마다 진심으로 주
님께 요청한다.

"주님, 저를 설득해 주세요."

주님을 설득하려고 노력하는 대신에 나의 생각이 주님
께 설득당하기를 간절히 바란다.

남편에게 복종하는 것을 주님이 기뻐하신다

내 생각과 논리를 접어 두고 대신 주님을 내 머리로 삼
고 그분의 말씀을 따르는 것처럼, 주님께서는 이제 남편
을 내 머리로 삼아 그에게 복종하라고 명령하셨다.

'내 생각에 더 좋은 방안이 있는데….'

'내 판단이 더 옳은 것 같은데….'

그런 생각이 들 때에도 내 생각을 내려놓고 남편에게 복종하는 것을 주님은 기뻐하신다. 남편이 아내의 머리가 되는 것이 주님의 선하신 계획인 것이다. 그러나 남편의 말에 무조건 복종하기가 어디 그렇게 쉬운 일인가?

'차라리 머리가 없으면 쉬울 텐데…. 어쩌자고 내 머리는 남편의 말을 끊임없이 판단하는 걸까?'

때때로 이런 생각이 불쑥 올라오기도 했다. 그런데 놀라운 것은 내 생각을 접어 두고 남편에게 순복했을 때 하나님께서 정말 기뻐하시며 내게 뜻하지 않은 축복을 허락하셨다는 사실이다.

하나님께서는 누구의 의견이 더 옳은가에는 별 관심이 없으신 듯하다. 선과 악의 판단을 죄인인 내가 어떻게 온전케 할 수 있겠는가? 그 판단을 온전히 하실 수 있는 분은 오직 하나님뿐이다. 선악의 판단을 사람에게 허락하지 않으셨다. 그것이 선악과를 먹지 말라고 명령하신 하나님의 마음인 것 같다.

하나님이 기뻐하시는 것은 선악의 판단 대신 그분의 말씀에 순종하고 남편의 말에 복종하는 것이다. 내가 주님을 영접하고 난 후 주님을 위해 드렸던 어떤 헌신과 섬김보다도, 남편을 머리로 여기고 남편의 말에 순종하는 모습을 주님께서 가장 기뻐하신다는 걸 이제는 안다.

아브라함의 아내 사라는 아름다운 여인이었다. 애굽 왕도 그랄 왕도 그녀의 아름다움에 반했다.

그런데 성경을 보면 아브라함의 판단이 늘 옳지는 않았음을 알 수 있다. 그는 실수하기도 하고 두려움에 사로잡혀 잘못된 판단을 하기도 했다. 그러나 사라는 그런 남편을 '주'라고 부르며 그의 리더십에 온전히 순종했다.

사라가 아브라함을 주라 칭하며 그의 리더십에 순복할 때 그녀에게는 어떤 두려움이 있었을까?

'아브라함의 판단이 과연 옳은 걸까?'

'혹시 남편이 잘못된 판단을 하고 있으면 어쩌나?'

실제로 아브라함의 잘못된 판단으로 사라가 곤란한 상황에 처할 때가 종종 있었다.

본토 친척 아비 집을 떠나 가나안에 들어간 후 그 땅에 기근이 들자 아브람 가족은 애굽으로 내려갔다. 아내의 미모 때문에 자칫 자기 목숨이 위태로워질지도 모른다고 판단한 아브람은 아내 사래를 누이라고 속이기로 했다. 그로 말미암아 그녀는 바로의 궁으로 들어가게 되었다.

하지만 바로 그때, 여호와께서 친히 개입하셔서 바로와 그의 집에 재앙을 내리시어 바로가 사래의 실상을 알게 하셨다. 바로가 아브람을 호되게 꾸짖고 그의 아내 사래와 모든 소유를 가지고 애굽에서 나가도록 했다.

불상사는 한 번으로 끝나지 않았다.

많은 세월이 흐른 뒤 하나님께서 친히 아브람과 언약을 세우며 아들을 약속하셨다. 약속을 기다리다 지친 아브람은 아내의 여종 하갈의 몸에서 아들 이스마엘을 얻었다. 그리고 세월이 흘러 아브람이 99세가 되자 여호와께서 나타나 그를 많은 민족의 아버지가 될 것이라고 축복하며 이름을 아브람에서 아브라함으로 바꾸어 주셨다.

아브라함이 그랄 땅에 머물 때, 그는 또다시 아내를 누이라고 속였다. 그랄 왕 아비멜렉이 그녀를 데려갔다.

그때도 하나님께서 사라의 인생에 적극적으로 개입하셨다. 그 밤에 아비멜렉에게 나타나셔서 사라뿐 아니라 온전한 마음과 깨끗한 손으로 행했던 아비멜렉도 범죄하지 않도록 보호하셨다.

이 모든 일을 겪어야 했던 사라가 범사에 남편에게 복종하는 것이 과연 쉬운 일이었을까?

자기의 목숨을 보호하기 위해 아내를 누이라 속이는 남편, 그런 남편으로 인하여 남편이 아닌 다른 남자의 침실에 불려간 사라의 심정이 어땠을까? 그것도 한 번도 아니고 두 번씩이나 말이다. 자기 목숨 하나 구하려고 아내를 참혹한 상황으로 몰아넣는 남편 아브라함을 바라보는 사라의 마음은 어떠했을까?

사라는 두려웠을지도 모른다. 남편을 신뢰하며 여전히 그를 주로 존중하는 것이 쉽지 않았을 것이다. 남편을 믿고 따라가다가 자신의 처지가 어떻게 될지 또 어떤 곤경에 빠지게 될지 알지 못해서 불안했을 것이다. 그런 불안을 도대체 어떻게 이겨 낸단 말인가. 그러나 사라는 어떤 상황에서도 남편에게 순종하며 주로 섬겼다.

성경은 이런 사라의 순종을 칭찬하며 그녀의 뒤를 따르는 믿음의 아내들에게 두려워하지 말고 놀라지 말라고 권면한다(벧전 3:6).

사라의 두려움은 나의 두려움이기도 하다.

'남편이 하나님 보시기에 선한 결정을 하고 있는 걸까?'

'남편의 판단이 과연 옳은 것일까?'

얼마나 자주 이런 질문에 부딪히는지 모른다. 그리고 종종 내 판단이 더 옳다는 착각에 빠져들기도 한다. 이런 생각이 들 때마다 나는 뱀의 꾐에 빠져 선악과를 먹은 에덴동산의 여자를 떠올린다.

"여호와 하나님이 이르시되 보라 이 사람이 선악을 아는 일에 우리 중 하나 같이 되었으니"(창세기 3:22a).

선악을 아는 일, 선악을 판단하는 일은 사람이 해야 할 중요한 일이 아니었던 것 같다. 선악과를 따 먹지 말라고 명령하신 것은 사람으로 하여금 선악을 아는 일을 하지 말라고 금하신 것이다.

선악을 알고 판단하는 것이 내 기준이 되는 한 사라의 두려움은 나의 두려움이 된다. 두려움은 나로 하여금 남편에게 순종하는 것을 막는다.

두려움을 이기고 끝까지 남편에게 순종한 사라의 모습은 선악과의 유혹을 이겨 낸 믿음의 여인의 모습이다.

남편 안에는 신랑 예수님의 모습이 숨겨져 있다. 예수님은 '남편'이라고 불리는 남자를 신뢰하고 그를 향한 믿음을 갖고 계신 것 같다. 그렇기 때문에 신부인 교회가 신랑이신 그리스도에게 복종하듯 아내들도 모든 일에 남편에게 복종하라고 명령하시지 않았겠는가.

남편을 향한 주님의 믿음이 내 믿음이 될 때 사라처럼 어떤 두려운 상황 속에서도 남편을 주라고 부르는 아내가 될 수 있을 것이다.

오직 십자가의 능력으로!

2010년 11월초, 이른 새벽에 나는 서둘러 교회로 향했다. 답답한 마음을 풀 곳이 없었다. 교회에 도착하자마자 강대상 앞 바닥에 주저앉았다.

하나님의 뜻 가운데 시작된 킹덤 패밀리의 여정은 그동안 내가 상상할 수도 없었던 놀라운 일들을 경험하게 해 주었다. 결혼 생활 16년 중에서 지난 2년 동안 전혀 다른 차원의 가정을 경험했다. 가슴 벅차게 행복했고 감사했다.

그러나 감당하기가 너무 버거웠다. 그동안 낯설기만 한 킹덤 생활에 적응하기 위해서 수도 없이 자아를 쳐서 복종시켰는데, 게다가 그렇게 꺼려했던 금식도 몇 번씩이나 했는데…. 그럼에도 불구하고 늘 발견하는 건 나의 모자람뿐이었다. 끝이 없을 것 같았다. 결국 아무것도 이루지 못할 거라는 절망에 빠졌다.

이제 그만 포기하고 이 여정을 끝내야겠다고 생각했다.

"주님, 이젠 그만둘래요. 더 이상은 못하겠어요."

벽에 걸린 커다란 십자가를 멍하니 바라보며 주님께 조용히 내 마음을 털어놓았다. 울음이 안에서부터 복받치듯 터져 나왔다. 하염없이 눈물을 흘리면서 주님께 물었다.

"이렇게 끝나고 말 것을 왜 시작하게 하셨나요? 정녕 킹덤 패밀리는 불가능한 것이었나요?"

마지막으로 묻는 심정이었다.

"주님, 정말로 불가능한가요?"

아무도 없는 조용한 교회 안에서 주님의 음성이 울리는 것 같았다.

"물론… 가능하단다."

"그게 가능하다고요? 주님, 제가 어떻게 하면 되나요?"

"내 품에 있으면 모든 게 가능하단다. 내 품에 안기렴."

마치 기다렸다는 듯이 주님의 품에 얼른 나를 던졌다.

그런데 순간 깜짝 놀라고 말았다. 왕의 옷답게 새하얗게 빛나고 양털처럼 보드라운 품을 상상했는데, 내 상상과는 달라도 너무 달랐다. 내가 안긴 주님의 품은 살이 찢겨 피와 땀으로 뒤범벅되어 있었다.

주님이 신음하듯이 숨을 몰아쉬며 아주 가느다란 음성으로 말씀하셨다.

"이 품에 안겨 있기만 하면… 모든 것을… 할 수 있단다."

할 말을 잃었다. 십자가에 달리신 예수님의 품에 안긴 것이다.

십자가는 원래 내 몫이었다. 내가 달려야 마땅하다. 그런데 주님이 나를 대신하여 십자가에 달리셨다. 그리고 나에게 "너도 십자가에 달려야 한다"고 말씀하지 않고 그저 당신 품에 안겨 있으라고 하셨다.

나는 그 품에 안겨 한없이 울었다.

"주님, 당신 품에 안기는 자가 되겠습니다. 십자가의 주님 안에서 내가 모든 것을 감당하겠습니다."

"내게 능력 주시는 자 안에서 내가 모든 것을 할 수 있느니라"(빌립보서 4:13).

이 말씀의 의미를 비로소 깨달았다.

모든 것을 이길 수 있는 능력은 십자가에 달리신 주님의 품 안에 거하는 것이다. 이것이 바로 어떤 어려움도 이겨 낼 수 있는 마스터키다.

"주님, 다시 시작하겠습니다. 이제는 어떤 어려움이 닥쳐도 절대로 포기하지 않겠습니다. 당신 품 안에서 끝까지 이 길을 가겠습니다."

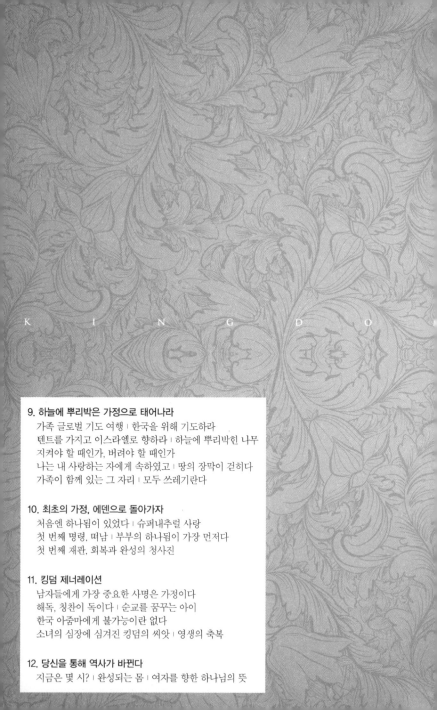

제3부

킹덤 패밀리의 확장

땅에서 하늘처럼 사는 킹덤 패밀리

F A M I L Y

09

하늘에 뿌리박은
가정으로 태어나라

가족 글로벌 기도 여행

우리 가족은 여름이 되면 집을 떠나는 것에 익숙해져
있다. 여름방학 동안 선교 여행을 다녀오거나 남편의 사
역을 따라 이곳저곳을 옮겨 다니곤 했다. 그러다가 7월이
되면 으레 GLDI가 열리는 캘리포니아로 향했고, 그곳에서
늦여름을 보낸 뒤 가을 학기 준비를 위해 다시 미시간으
로 돌아오기를 몇 년 동안 반복했다.

그런데 2011년이 되자 "이제부터는 가족이 함께 떠나

라"라는 마음을 주셨다. 남편은 남편대로, 아내는 아내대로, 그리고 자녀는 자녀대로 다니는 것이 아니라 온 가족이 함께 열방을 다녀야 한다는 마음이 들면서 우리 가족은 그해 여름 내내 함께 다니기로 계획했다. 그리고 이 계획에 최준 박사의 가족도 함께하기로 했다.

샌디에이고에서 심장과 전문의로 활동하던 최준 박사는 2008년 초에 가족과 함께 하와이 코나에 있는 열방대학에 들어갔다. 열방대학 훈련을 마치고 글로벌 기도 여행을 다녀온 다음에는 아예 삶의 터전을 하와이로 옮겼다.

최준 박사는 호놀룰루에 있는 병원에서 일하고 아내 제인은 아이들과 함께 열방대학에서 스태프로 섬겼다. 주말 부부가 되어 매주 남편이 가족을 만나러 코나로 향했다.

그런 생활을 2년 정도 계속하다가 그해 6월말까지만 일하기로 했다고 했다. 병원을 사직하고 나서 무엇을 할지 구체적인 계획은 세우지 않았지만 하나님께서 새로운 길로 인도하실 거라는 마음이 강하게 들어서 일단 순종하기로 한 것이다. 성령님의 음성에 어린아이처럼 순종하는 모습이 참으로 아름다웠다.

다니엘과 두 아들이 먼저 6월말에 한국에 들어가고, 나는 미국에 2주 정도 더 머물면서 장기간 비우게 될 집안을 청소하는 등 뒷마무리를 하기로 했다. 큰딸 지원이가 이라크로 여름 단기 선교를 떠나는 것을 보고 나서 나도 한국으로 향했다.

한국에서 우리 가족과 최준 박사의 가족이 다시 한 자리에 모였다. 이미 성년이 되어 독립한 최준 박사의 장남을 제외한 두 자녀와 우리 집 세 아이까지 모두 아홉 명의 식구들이 서울의 한 지붕 아래에서 함께 살기 시작했다.

우리는 3년 전에 했던 약속을 떠올렸다. 두 남편들이 먼저 세계를 둘러보고 나중에 온 가족이 함께 글로벌 기도 여행을 하자고 했었는데, 그때가 온 것이다.

여름 세 달은 한국에서 보내고 가을 40일은 이스라엘에서 보내기로 계획했다. 그러나 그 이후 일정은 따로 세우지 않았다. 40일 일정이 끝나면 하나님께서 인도해 주시리라고 믿었다.

한국을 위해 기도하라
한국에서 머무는 동안 사람들이 종종 물었다.

"무엇을 할 계획이세요?"

"언제까지 이런 삶을 살 건가요?"

"아이들 학교는 어떻게 할 건데요?"

그런데 특별히 대답할 말이 없었다. 우리가 가진 계획은 매우 단순했다.

여름 세 달은 한국에서 지내기.
가을에는 이스라엘에서 40일 머물기.

이것이 계획의 전부였다.

그해 한국에서 여름을 지내는 동안 한반도를 내 평생 가장 많이 돌아다닌 것 같다. 미국으로 유학 가기 전에 나는 서울 토박이로서 27년 인생을 주로 서울과 그 인근에서 보냈다. 미국에 비하면 그리 크지도 않은 고국 땅을 제대로 돌아다녀 본 적이 한 번도 없었다.

한국을 위해 기도하시는 분들과 함께 한반도 기도 여행을 시작했다. 서울 양화진 선교사 묘지에서 시작한 기도 여행은 강화도 마니산 꼭대기를 지나 서쪽에서 동쪽까지 이어진 휴전선을 따라 북녘 땅을 바라보며 지났다. 어렸을 때 말로만 듣던 남침용 땅굴 속에 들어가 찬양하며 기도했다. 전국 곳곳에 있는 기도 처소에 들러 이 땅의 믿음의 조상들이 드렸던 기도를 되새기기도 했다. 그야말로 방방곡곡 구석구석을 돌아다녔다.

그 사이에 다니엘은 일본과 중국을 다녀왔고 미국 시민권자로서 북한에 다녀올 기회도 얻었다. 마치 그해 여름은 한반도를 중심으로 한-중-일에 관심을 기울이도록 인도하시는 것만 같았다.

텐트를 가지고 이스라엘로 향하라

한국에서의 여름 세 달이 지나고 어느새 9월이 지나가고 있었다. 다니엘과 함께 나지막한 양재동 뒷산을 오르며 산책하던 중에 남편이 갑자기 발길을 멈췄다.

"한국에서 우리가 해야 할 일을 다 마친 것 같아. 하루라도 빨리 이스라엘로 가야겠어."

원래 계획은 9월 말에 떠나는 것이었지만 하루라도 빨리 가야겠다는 마음이 든 이상 서둘러야 했다.

큰딸 지원이는 9월부터 시작되는 고등학교 첫 학기를 꼭 다녀 보고 싶다고 해서 미국으로 혼자 보내 친구네 집에서 한 학기 정도 머물도록 했다. 지원이를 뺀 나머지 여덟 명이 이스라엘로 떠날 준비를 했다.

두 남편들에게 하나님께서 주신 마음이 있었다.

첫째, 텐트를 가지고 갈 것.

둘째, 산에서 텐트를 치고 잘 것.

셋째, 이스라엘에서 40일 동안 머물 것.

최준 박사가 이미 텐트를 두 개나 구해 놓았다. 40일이 넘는 여행길이라 아무리 간단하게 챙긴다고 해도 짐이 많은데 텐트까지 짊어지고 가야 한다니 기가 막히면서도 재미있었다. 여행 가방은 슬리핑백과 각종 야영 장비들로 가득 찼다.

원래 계획보다 일주일 빠른 9월 23일에 이스라엘에 도착했는데, 그날 저녁에 보니 사람들이 모여 유엔총회 생중계를 시청하고 있었다.

"아, 바로 오늘이었구나!"

유엔총회에서 다루어질 이스라엘과 팔레스타인의 영토 분배에 관한 이슈를 놓고 그해 봄부터 이미 많은 사람들이 기도하기 시작했던 것이 떠올랐다. 미처 알지 못하는 중에도 중요한 시간에 맞추어 발길을 움직이게 하신 하나님께 감사를 올렸다.

이스라엘에서의 첫날 밤은 기도의 집에서 보냈다. 첫날부터 꼭 텐트에서 자야 한다고 주장한 두 남편들만 산 대신에 건물 안에서 텐트를 치고 자기로 했다. 두 남자는 기도하다가 졸리면 텐트에서 자고 또 깨어서 기도하면서 밤을 보냈다.

이스라엘에서의 하루하루는 감사하고 흥미로웠다. 특히 막내 조셉은 다섯 살 때부터 이스라엘에 가 보고 싶다고 말하곤 했는데 엄마랑 약속한 지 4년 만에야 오게 되어 한껏 들떠 있었다. 길을 걸으면서도 음식을 먹으면서도 조셉은 기뻐하며 즐거워했다.

이렇게 감사한 이유들이 많았음에도 불구하고 매일 아침 눈을 뜰 때마다 내 마음 한쪽은 대서양 건너편에 있는 미국의 우리 집으로 향했다. 글로벌 기도 여행 내내 그랬다.

7월 초에 집을 떠나면서 간단하게 여름 옷가지들만 챙겨 왔었다. 여름에 한 번쯤은 미국 집에 들를 계획이었는데 그러질 못했다.

사실은 여행을 떠나기 전 6월에 우리가 살던 집이 조만간 은행에 넘어가게 될 것이라는 통보를 받았었다. 그래도 집을 비우기까지는 몇 달의 시간 여유가 있을 거라고 막연히 생각했다.

집을 비워 주어야 할 때가 거의 다 됐을 텐데, 미국에 들르기는커녕 이스라엘에 와 있으니 집 걱정을 안 할 수가 없었다. 어떻게 정리해야 하나 막막할 뿐이었다.

하늘에 뿌리박힌 나무

2008년 가을, 다니엘과 최준 박사가 글로벌 기도 여행을 할 때였다. 주님께서 다니엘에게 한 가지 환상을 보여주셨다.

땅 위에 여러 나무들이 자라고 있었다. 모두 그 뿌리를 땅속에 내리고 자라고 있었다. 하늘에서 한 손이 내려오더니 땅에 뿌리박힌 나무를 잡아 뽑으려고 했다. 그런데 뽑히지 않았다. 왜냐하면 뿌리가 땅속으로 너무 깊이 내려가 있었기 때문이다. 그러자 하늘에서 내려온 손이 잡고 있던 나무를 놓아 주고 다른 나무에게로 갔다. 그 손은 다른 나무를 잡고 땅에서 뽑아내리려고 잡아당겼다. 이번에는 나무가 쑤욱 하고 뽑히는 것 같았다. 그런데 뿌리의 한 줄기가 땅에 박힌 채 뽑히지 않았다. 손이 몇 번이나 힘써도 뽑히지 않자 그 나무를 그냥 놔두고는 다른 나무로 옮겼다. 이번에 잡은 나무는 웬일인지 뿌리가 쑤욱 잘 뽑혔다. 땅에 박힌 뿌리가 그리 깊지 않았다. 마치 손이 자기를 뽑아 주기를 기다렸다는 듯 쉽게 뽑혀 나왔다. 그러자 손이 나무의 뿌리에 붙은 흙을 탁탁 털더니 위아래를 뒤집어서 나무의 뿌리를 하늘에 박기 시작했다.

하늘에 뿌리를 박은 나무는 하늘에서 주는 영양을 공급받고 과실을 주렁주렁 맺었다. 그리고 그 과실들을 땅으로 흘려주었다.

하늘에 뿌리박힌 나무가 된 것이다.

남편은 하늘에 뿌리박힌 나무에 대해 묵상하기 시작했다.

'땅에서 뿌리를 뽑아 하늘에 뿌리를 내린 나무….'

그는 하나님께서 자기 삶의 뿌리를 하늘에 두기 원하신다는 마음을 갖기 시작했다. 그리고 더욱 깊은 묵상에 들어갔다.

"내 삶에서 하늘이 아닌 이 땅에 뿌리를 둔 게 무엇이 있을까?"

다니엘은 땅에 뿌리를 두었다고 생각되는 것들을 하나씩 뽑아내기 시작했다.

2009년 하나님께서는 그에게 마지막 한 가지를 더 요구하셨다.

다니엘은 자신이 근무하던 미시간 대학에서 몇 년에 걸친 노력으로 GSP라는 프로그램을 만들어 실행하고 있었고, 한창 개발 중이었다. 그런데 남편의 마음속에 안정된 커리어인 교수라는 지위를 뽑으라는 부담감이 생기기 시작한 것이다.

사실 정신과 의사로서 미시간 대학 교수로 있다는 것이 그가 미국 내에서 사역하는 데 큰 도움이 되었던 게 사실이다. 더욱이 자기처럼 이민 1.5세대로서 정체성의 혼란을 겪고 있는 젊은이들에게 남편의 모습이 많은 위로가 되었고 도전을 주었던 것도 사실이다. 그런데 하나님께서는 그것을 뽑으라고 하셨다.

다니엘이 이 문제를 놓고 기도하기 시작했다. 하나님이 원하시는 것을 진심으로 하고 싶은데, 그분이 원하시는 것이 무엇인지 분별하기가 쉽지 않았다.

남편과 나는 함께 기도하며 하나님의 뜻을 구했다. 우리 가정을 위해서 기도하시는 분들에게도 중보 기도를 요청했다.

마침내 우리는 남편이 환상에서 본 하늘에 뿌리박힌

나무처럼 모든 것을 주님께 다 드리기로 결신했다.

남편은 2009년 봄 학기를 마지막으로 강의를 그만두
었다. 그가 개발하던 프로그램도 새로운 사람을 디렉터로
뽑게 하고는 손을 떼었다.

지켜야 할 때인가, 버려야 할 때인가

남편이 대학을 휴직하면서부터 우리 가정은 보장된 수
입이 없는 상태가 되었다. 그래도 정말 기적같이 한 달 한
달 살아갈 수 있었다.

늘 꼼꼼하게 계산하며 계획을 세우곤 했는데 남편이
직장을 그만둔 뒤로는 계획을 세울 일이 없어졌다. 그저
하루하루, 한 달 한 달을 하나님의 은혜 가운데서 살아야
하는 그런 삶이 시작된 것이다.

하나님께서는 우리의 필요를 신실하게 채워 주셨다. 예
산을 세우며 계획할 필요가 없을 정도로 매달 필요한 것
을 정확하게 채워 주셨다. 때때로 엘리야의 까마귀를 통
해 우리를 먹이셨다. 덕분에 매달 나가야 하는 집세도 낼
수 있었고, 아이들 기르는 데도 부족함이 없었다. 모든 게
은혜였다.

그런데 이듬해 2010년이 시작되면서부터 이상하게도 집세가 채워지지 않았다. 그동안 집세를 포함한 모든 필요를 다 채워 주셨는데, 1월부터는 집세가 채워지지 않는 상황을 보며 하나님의 뜻을 구하기 시작했다.

"하나님, 우리가 어떻게 하는 것이 주님 앞에 바른 것입니까?"

그때 전도서 3장이 생각나며 '때'에 대해서 묵상하게 되었다.

"찾을 때가 있고 잃을 때가 있으며 지킬 때가 있고 버릴 때가 있으며"(전도서 3:6).

"하나님께서 인도하시는 때가 있는데 지금은 어떤 때인가? 집을 지켜야 할 때인가 아니면 버려야 할 때인가?"

'버려야 할 때'라는 마음이 들었다. 버려야 할 것을 지키기 위해 안간힘을 쓰는 건 결코 아름다운 모습이 아닐 것이다.

집에 대한 마음을 내려놓고 그 이후에 하나님이 하실 것을 바라보기로 내심 결정했다.

마침 한국에 들어가 있던 남편에게서 전화가 왔다. 아

이들의 안부를 묻는 그에게 질문했다.

"여보, 우리 이 집 꼭 있어야 돼?"

당시 우리 집의 경제 상황을 설명해 주고 내 생각을 알려 주었다. 나의 설명을 들은 남편은 이를 놓고 기도하였다. 그리고 부동산 개발 분야에 일가견이 있는 친구에게 자문을 구했다.

"평생 박스 같은 집 하나 지키며 사시렵니까?"

정말 그랬다. 하늘에서 내려다보면 그 아름다운 집도 그저 박스처럼 보인다. 그런데 아메리칸 드림의 상징인 집을 지키려면 얼마나 많은 시간과 노력을 그것을 위해 쏟아 부어야 하는가?

우리는 그동안 식구들이 좋은 집에서 살 수 있었던 것에 감사했다. 그러나 이제는 집에 미련을 두지 않고, 오히려 하나님이 인도하시며 함께하시는 곳이 우리의 집이라고 생각하기로 마음먹었다.

온 가족이 미국의 집을 떠나 기도 여행 길에 오를 때, 우리 집에는 한 젊은 선교사 부부가 묵고 있었다. 그들은 앞으로 해야 할 일들을 준비하며 주인 없는 집에서 한두 달 더 머물게 되었다.

나는 내 사랑하는 자에게 속하였고

이스라엘에서의 첫 주가 지나고 둘째 주가 되었다. 아침에 잠에서 깨어난 남편이 그날 꼭 해야 할 일이 두 가지 있다고 말했다.

하나는 아가서 6장 3절이 새겨진 반지를 사서 부부가 끼어야 한다는 것이었다.

"나는 내 사랑하는 자에게 속하였고 내 사랑하는 자는 내게 속하였으며"(아가서 6:3a).

그래서 온 가족이 예루살렘의 반지 가게들을 돌아다녔다. 마음에 딱 드는 반지를 고르기 위해 이 가게 저 가게를 둘러보는데, 왜 그렇게 종류가 많고 또 왜 그렇게 가격이 천차만별인지 알 수가 없었다. 반지를 사고 싶은 마음이 사라질 지경이었다.

최준 박사와 제인 부부가 마음에 드는 반지를 찾느라 열심히 고르는 사이에 나는 적당한 가격에 흥정하느라 정신이 없었다. 가격이 비싸면 사지 말아야겠다고 마음먹었는데, 남편이 그런 내 마음을 눈치 챘는지 계속해서 사인을 보내 왔다.

"오늘 꼭 사야 되니까 조금 비싸도 괜찮아, 여보."

결국 아가서의 구절이 아름답게 새겨진 반지를 끼고 상점을 나올 수 있었다.

그날 꼭 해야 하는 두 번째 일은 통곡의 벽에 가서 기도하는 것이었다. 상점의 문들이 닫히기 시작하는 늦은 시간에 네 명의 어른과 네 명의 아이들이 통곡의 벽으로 향했다. 그 늦은 시간에도 기도하는 사람들이 꽤 많았다.

가운데 벽을 사이에 두고 남자와 여자가 따로 기도하러 들어가는데 조셉이 머리에 키파(Kippa)를 쓰고 들어갔다. 반지를 사기 위해 상점들을 둘러볼 때 조셉이 아빠를 졸라서 산 키파였다. 키파는 유대인 남자들이 기도할 때 머리에 얹는 손바닥만 한 모자다.

통곡의 벽에서 기도를 마친 우리 가족은 예루살렘 야경을 바라보며 성벽 위를 따라 걸었다. 깜깜한 도시에 점점이 박힌 불빛을 보며 성경에서 말하는 성벽 위의 파수꾼을 떠올렸다. 그들은 깜깜한 밤중에도 이렇게 깨어서 성을 지키고 있겠구나!

그날 "나는 내 사랑하는 자에게 속하였고…"라고 쓰인 반지를 끼고 통곡의 벽에서 기도하게끔 하신 주님의 뜻을 숙소에 도착해서야 알게 되었다.

거의 자정이 되어 숙소로 돌아오자 와이파이(wifi)가 연결되었는지 내 스마트폰에서 신호음이 울렸다. 구석으로 가서 열어 보니 지원이가 카톡 메시지를 보낸 것이었다.

메시지를 읽는 순간 나도 모르게 비명을 지르고 말았다.

막내 조셉이 놀라서 뛰어왔다. 내 팔을 잡으며 무슨 일이냐고 묻는데 설명해 줄 말을 찾지 못해서 그냥 조셉을 품에 안고 달랬다.

"괜찮아. 엄마는 괜찮아. 걱정하지 마. 엄마 괜찮아."

땅의 장막이 걷히다

남편에게 지원이에게서 온 메시지와 사진을 보여 주었다. 조마조마하게 기다렸던 일이 불과 몇 시간 전에 미국에서 벌어지고야 말았던 것이다. 그 증거가 사진에 담겨 있었다.

위급한 상황에서는 더 침착해지는 다니엘이 지원이에게 전화를 걸어 상황을 파악했다. 지원이는 걱정했던 것보다 훨씬 침착했다. 우리 집의 살림살이들이 모두 앞마당으로 옮겨졌고, 현관문은 잠긴 상태라고 했다.

"엄마 아빠, 내가 결혼사진 잘 챙겨 놨어!"

지원이는 친구 엄마와 늘 가족처럼 지내던 분들의 도움을 받아 중요한 것들을 챙기느라 바빴다.

"이 짐들은 어떻게 정리하면 좋을까요?"

지원이를 도와주러 온 이웃 자매도 앞마당에 가득한 짐들을 보니 어떻게 정리해야 할지 몰라 당황스러운 것 같았다. 다니엘이 전화로 필요한 사항들을 점검해 주었다.

"꼭 챙겨야 할 것, 다른 사람들에게 나누어 줄 것 그리고 버릴 것으로 분류하면 됩니다."

이웃 자매는 해가 지기 전에 빨리 정리해야 한다며 알아서 할 테니 걱정 말라고 얘기해 주었는데 얼마나 믿음직스럽고 감사했는지 모른다. 그러나 대서양을 건너 멀리 떨어져 있는 우리가 할 수 있는 일은 아무것도 없었다. 오직 기도밖에는….

뜬눈으로 밤을 지새운 뒤 새벽에 최준 박사 부부와 함께 통곡의 벽으로 기도하러 갔다. 간밤에 일주일 정도는 새벽 기도를 통곡의 벽에서 드리자고 약속했던 것이다. 통곡의 벽 앞에 서서 오래된 벽을 만지며 기도하는데, 미국에 있는 열네 살이 된 딸이 생각나며 나도 모르게 눈물이 흘러내렸다.

'이것이 바로 부모의 마음이구나. 죄인인 나도 내 자녀

를 생각할 때 이리도 마음이 아픈데, 하나님 아버지는 자녀를 보며 얼마나 애가 타실까?'

하나님께서 당신의 애타는 심정을 나에게도 알려 주고 싶으셨나 보다. 지원이를 생각하며 기도하기 시작했는데 어느새 하나님 아버지의 마음이 되어 이스라엘을 위해 기도하고 있었다.

"하나님, 제가 당신의 마음을 다 이해할 수는 없습니다. 그러나 아주 조금은 알 것 같아요. 마음이 얼마나 아프세요. 제가 당신을 대신해서 눈물을 흘리겠습니다."

내 눈물이 어느새 하나님의 눈물로 바뀌었다.

가족이 함께 있는 그 자리

미시간에서 살 때 다니엘은 현관문을 들어설 때마다 늘 환한 얼굴로 이렇게 외치곤 했었다.

"홈, 스위트 홈!(Home, Sweet home)"

아빠의 반가운 목소리를 들은 아이들이 현관으로 내달리면 남편은 두 팔을 활짝 벌리고 아이들을 품에 안았다. 아이들은 아빠의 무릎에 앉아서 피자를 먹으며 재미있는 영화를 보곤 했다.

세 아이들이 뛰어 놀며 자라온 흔적과 남편과의 추억 그리고 미국 생활의 모든 기억이 묻어 있는 스위트 홈이 그렇게 우리의 삶에서 지워져 갔다.

하나님께 물었다.

"하나님, 꼭 이런 방법으로 마무리하셔야 했나요? 제가 그 집에 더 이상 미련을 두지 않고 있었던 것을 주님이 더 잘 아시잖아요. 꼭 그런 방법으로 처리하셔야 됐나요?"

하나님께서 하신 일에 무어라 토를 달 생각은 없었다. 하나님의 방법이 언제나 선하고 온전하다는 것을 알고 있기에 그렇게 정리하신 데에는 마땅한 이유가 있을 것이라고 믿었다.

하지만 꼭, 굳이 그렇게 하셔야만 했을까? 하나님의 마음을 헤아리기가 쉽지 않았다. 그럼에도 불구하고 이해할 수는 없지만 주님의 선하신 뜻을 믿고 감사하기로 결단했다.

그날 이후 다니엘은 가끔씩 곤히 자고 있는 나를 깨워 이렇게 말하곤 했다.

"허니, 우리 정말 이제 가진 게 아무것도 없다! 그렇지?"

다니엘은 우리 가족의 '홈, 스위트 홈'이 사라진 것을 새삼 다시 확인이라도 하는 것 같았다.

"그러게, 왜 '하늘에 뿌리박힌 나무'를 그렇게 선포하고 다녔어? 당신이 입으로 선포했던 대로 살게 됐잖아."

남편이 하늘에 뿌리박힌 나무의 환상을 본 뒤 어디를 가나 그 이야기를 들려주었다. 사람들은 그의 이야기를 듣고 큰 도전을 받곤 했다. 하나님께서 다니엘의 환상을 통해 보여 주셨던 것처럼 세상에 내렸던 뿌리를 거두어 하늘로 올리겠다고 결단하는 사람들이 꽤 많았다. 그렇게 메시지를 선포함으로써 도전의 통로로 쓰임 받는 것이 매우 기뻤다.

그런데 하나님께서는 다니엘에게 주셨던 환상 그대로 우리 가족이 실제로 '하늘에 뿌리박힌 나무'의 삶을 살도록 인도하셨다.

늘 주님을 위해 모든 것을 아낌없이 드린다고 고백하지만 나중에 뒤돌아보면 뭔가 드릴 것이 남아 있고, 버릴 것이 남아 있음을 발견하곤 하는데 이번에는 하나님께서 친히 우리의 남은 뿌리를 깨끗하게 뽑아내 주셨다.

어디선가 이런 말을 들은 적이 있다.

"즐거운 우리 집은 장소가 아니라 가족이 함께 있는 그 자리이다.(Home is not a place. Home is where family is.)"

미시간의 스위트 홈이 없어진 뒤 우리는 장소의 집이 아닌 온 가족이 함께 있어 행복한 집에서 살게 되었다.

모두 쓰레기란다

최준 박사 가족과 우리 가족은 한국에서 가져온 텐트를 짊어지고 예루살렘 인근 산에 올랐다. 말이 산이지 실제로는 자그마한 언덕이었는데 그곳에서 텐트를 치고 자기로 했다. 원래 야영장이 아니어서 물도 전기도 없고 급한 볼일은 근처 수풀에서 해결해야 했다.

지내기 편안한 곳은 아니었지만 하나님께서 주신 마음에 어린아이처럼 순종하기 위해서 감행한 것이었다. 100퍼센트 이해하지 못해도 순종은 할 수 있다.

어른들은 불편을 감내하는 고통(?) 중에 있었지만 아이들은 나무 사이를 뛰어다니며 주렁주렁 매달린 과일을 따 먹고 놀았다. 그야말로 자연을 만끽하고 있었다.

텐트에 누워 서서히 밝아 오는 태양빛에 눈을 뜨는 건 나에게도 정말 신선한 경험이었다. 작은 텐트 안에서 누운 채로 천장을 바라보는데, 그곳이 바로 요새요 피난처요 주님이 거하시는 장막처럼 느껴졌다.

그러나 우리의 야영은 하룻밤으로 끝나고 말았다. 산의 주인이 안전을 이유로 텐트를 걷어서 하산하라고 했기 때문이다.

　한국에서 들고 온 두 개의 텐트는 하나는 숙소 거실에 또 하나는 기도의 집 발코니에 설치해서 낮에는 아이들이 공부방 또는 놀이방으로 사용했고, 밤에는 누군가가 침실로 사용했다. 아이들은 텐트에서 자는 걸 더 좋아했다.

　낮에 텐트 안에 들어가 말씀을 읽거나 기도하고 있으면 마치 주님 품 안에 안긴 듯 포근했다. 얇은 텐트 하나를 사이에 두고 저쪽 세상과 완전히 분리되어 주님의 임재 가운데로 들어간 듯한 그런 기분이었다. 이스라엘에 머무는 동안 텐트는 두 가족의 삶에서 떼려야 뗄 수 없는 삶의 일부가 되었다.

　마침 그때가 바로 유대 절기 중의 하나인 장막절 기간이었다. 장막절이 되면 유대인들은 나뭇가지를 얼기설기 엮어 만든 초막과 같은 텐트를 실제로 베란다에 설치하고 그 안에서 일주일 동안 지낸다. 그곳에서 생활하면서 출애굽하여 광야에서 장막을 치고 보냈던 시절을 기억하는 것이다.

　"우리에게 장막이란 무엇일까? 장막에 대해 무엇을 알

기 원하시는 걸까?"

장막에 대해 묵상하고 있는데 웬일인지 미국에서 큰딸 지원이가 찍어서 보내 준 사진들이 떠올랐다. 이제는 우리 집이 아닌 그 집 말이다.

"주님, 무슨 말씀을 하고 싶으신 건가요?"

내 질문에 하나님께서 답변해 주시기 시작했다.

우리를 위하여 준비하신 새로운 장막이 있는데 거기에 들어가기 위해서는 먼저 옛 장막에서 나와야 한다고 하셨다. 그래서 옛 장막의 상징인 미시간의 보금자리에서 완전히 나오게 만드신 것이었다.

우리의 소유였던 살림살이들이 모두 검정색 쓰레기봉투에 담겼던 것을 떠올리며 다시 물었다.

"왜 하필 쓰레기봉투입니까? 박스도 아니고 컨테이너도 아니고 왜 쓰레기봉투에 담겨야만 했나요?"

쓰레기봉투에 담겼지만 사실 쓰레기가 아니다. 우리에게는 소중한 물건들이었다. 그런데 하나님께서는 그것들조차 '쓰레기'로 분류하시는 것 같았다.

"하나님, 이것이 왜 쓰레기입니까? 우리에게는 귀중하고 소중한 것들이었는데요."

결혼 생활의 추억과 세 아이들이 자라온 이야기가 모

두 고스란히 그 안에 담겨 있었다. 그런데도 하나님은 여전히 그 모든 것을 쓰레기라고 말씀하시는 것 같았다.

"또한 모든 것을 해로 여김은 내 주 그리스도 예수를 아는 지식이 가장 고상하기 때문이라 내가 그를 위하여 모든 것을 잃어버리고 배설물로 여김은 그리스도를 얻고"(빌립보서 3:8).

사도 바울의 말을 떠올리며 더 귀한 것 앞에서 덜 귀한 것을 쓰레기처럼 여길 수도 있겠다는 생각을 했다. 앞으로 주실 것이 이전에 소유했던 것과는 비교할 수 없을 정도로 값진 것이라 이전 소유물을 쓰레기라고 부를 수도 있겠다고 생각했다.

문득 어딘가에 담겨 있을 사파이어 반지가 생각났다.

"돌이란다."

주님의 음성에, '그렇구나. 다이아몬드도 돌이고 사파이어도 돌일 뿐이구나' 하는 생각이 들었다. 예전에는 보석이었는데 이제는 돌이 된 사파이어가 쓰레기봉투에 담겼다. 중요한 모임에 갈 때만 입었던 값비싼 검정 드레스도 쓰레기봉투에 담겼을 것이다. 이제 그 모든 것에 쓰레기라는 새로운 이름이 붙여졌다.

나의 지난 19년의 미국 생활과 17년의 결혼 생활은 6시간 만에 다른 사람들의 손을 통하여 그렇게 정리되었다. 내 손으로 직접 정리할 수도 있었을 텐데…. 그런데 하나님께서는 허락하지 않으셨다.

"하나님, 꼭 그렇게 하셨어야 했나요?"

그때 주님은 아브라함에 대해 이야기해 주셨다.

"여호와께서 아브람에게 이르시되 너는 너의 고향과 친척과 아버지의 집을 떠나 내가 네게 보여줄 땅으로 가라"(창세기 12:2).

아브람이 고향과 친척과 아버지의 집을 떠나듯 우리 가정도 그렇게 떠나게 하신 것이다.

"딸아, 앞만 보고 달리렴. 두리번거리지도 말고 뒤돌아보지도 마라."

행여 뒤에 좋은 것이 남겨져 있을지라도 마음 빼앗기지 말고 전진하라는 주님의 마음이 느껴졌다.

"내가 이미 얻었다 함도 아니요 온전히 이루었다 함도

아니라 오직 내가 그리스도 예수께 잡힌 바 된 그것을 잡으려고 달려가노라 형제들아 나는 아직 내가 잡은 줄로 여기지 아니하고 오직 한 일 즉 뒤에 있는 것은 잊어버리고 앞에 있는 것을 잡으려고 푯대를 향하여 그리스도 예수 안에서 하나님이 위에서 부르신 부름의 상을 위하여 달려가노라"(빌립보서 3:12-14).

사도 바울은 그의 앞에 놓인 것을 잡기 위해 뒤에 있는 것을 잊어버리고 앞으로만 질주했다. 내게도 그처럼 앞을 향해 질주하라고 말씀하시는 것 같았다.

"그래요, 주님. 이제부터는 정말로 앞만 보며 달리겠습니다."

"고향과 친척과 아버지의 집을 떠난 아브람에게는 '내가 네게 보여 줄 땅으로' 가라고 하셨는데, 땅의 장막이 걷히고 난 우리 가족에게는 어디를 향하여 가라고 하시겠습니까?"

주님이 가리키시는 곳을 향해 눈을 들어 보니 그곳에 '에덴'이 있었다.

땅에 박힌 뿌리가 다 뽑히고 이제는 하늘에 뿌리박힌 나무가 되어 에덴이라는 새로운 장막으로 초청 받았다. 이

전에 소중했던 것들을 쓰레기처럼 다 버려도 아깝지 않을 어떤 소중한 것이 에덴에 있다고 말씀하시는 것 같았다.

10 /
최초의 가정,
에덴으로 돌아가자

처음엔 하나됨이 있었다

하나님께서 태초에 천지를 창조하셨다. 혼돈하고 공허하고 어둠이 가득한 그곳에서 하나님은 말씀으로 하나씩 창조하며 혼돈된 것을 질서있게 하고 공허한 것을 채우고 어두움을 밝히는 일을 하셨다.

사람을 지으신 그날은 하나님에게는 특별한 날이었다. 왜냐하면 하나님 당신의 형상을 가진 사람을 창조하시는 날이기 때문이다. 하나님은 그 이전 날에도 여러 생물들을 만드셨다. 하늘에 나는 새들, 바다에 사는 짐승들, 땅 위에 사는 여러 생물들을 만드셨지만 그 어느 것도 하나님의 형상을 갖고 있지는 않았다. 그런데 이제 마지막으로 하나님 당신의 형상을 따라 사람을 창조하시기로 한 것이다.

"하나님이 이르시되 우리의 형상을 따라 우리의 모양 대로 우리가 사람을 만들고"(창세기 1:26a).

당신의 형상과 모양을 가진 사람을 만드실 때는 이전과 다른 방법을 사용하셨다.

"여호와 하나님이 땅의 흙으로 사람을 지으시고 생기를 그 코에 불어넣으시니 사람이 생령이 되니라"(창세기 2:7).

말씀으로 명령하신 것이 아니라 땅의 흙을 가지고 만드셨고 다 만드신 후에는 코에 생기를 불어넣으셨다. 하나님의 생기를 받은 사람은 하나님의 숨을 쉰다. 사람이 숨을 쉴 때마다 그 숨은 실은 하나님의 호흡인 것이다. 하나님 당신을 사람 안에 부어 주셨던 것이다. 이것은 오직 사람만이 가진 특권이다. 하나님은 당신의 형상을 가지고 당신의 생기로 숨쉬는 사람에게 땅을 정복하고 모든 생물을 다스리라고 명령하셨다. 그 사명을 감당할 수 있는 모든 것을 사람에게 부어 주셨기 때문이다.

첫 사람 아담이 에덴동산에 거하며 그곳을 경작하며 지키는 일을 했다. 그는 동산의 모든 가축과 공중의 새와 들의 모든 짐승들에게 이름을 지어 주기도 했다.

그런데 하나님께서는 아담이 혼자 있는 것을 좋지 않게 여기셨다. 그래서 그를 위하여 또 한 번의 창조를 하기로 결정하셨다.

"여호와 하나님이 아담을 깊이 잠들게 하시니 잠들매 그가 그 갈빗대 하나를 취하고 살로 대신 채우시고 여호와 하나님이 아담에게서 취하신 그 갈빗대로 여자를 만드시고"(창세기 2:21-22a).

말씀으로 모든 피조물을 창조하신 하나님께서 사람만큼은 땅의 흙을 손수 빚어서 만드셨다. 그리고 첫 사람 아담을 위해서 또 한 사람, 돕는 배필을 만드실 때는 말씀도 아니고 흙도 아닌 그의 갈비뼈 하나를 취하여 만드셨다.

왜 흙을 취하여 만들지 않으셨을까? 왜 하필이면 아담의 갈비뼈였을까?

그것은 남자와 여자가 본질상 하나라는 것을 보여 주기 위해서다. 두 사람이지만 실은 하나의 관계인 것이다. 그래서 아담은 여자를 보자마자 자기로부터 나왔음을 단번에 알아볼 수 있었다.

"아담이 이르되 이는 내 뼈 중의 뼈요 살 중의 살이라 이것을 남자에게서 취하였은즉 여자라 부르리라 하니라"(창세기 2:23).

그렇게 해서 인류의 첫 부부가 에덴동산에서 탄생했다.

원래 하나인 두 사람이기에 주님께서는 남편과 아내가 나뉠 수 없다고 선언하셨다.

"그런즉 이제 둘이 아니요 한 몸이니 그러므로 하나님이 짝지어 주신 것을 사람이 나누지 못할지니라 하시니"(마태복음 19:6).

에덴에서는 남편과 아내가 온전한 연합을 이루고 살았다. 두 사람은 하나이기 때문에 있는 그대로의 모습을 부끄러워하지 않았다. 하나님이 창조하신 모습 그대로를 아름답게 바라보며 서로 기뻐했다.

사실 에덴에서는 어느 누구도 자기의 모습을 부끄러워하지 않았다. 땅에 기는 생물이든 바다에 사는 생물이든 하늘을 날아다니는 생물이든 모두 하나님이 만들어 주신 자신의 모습에 만족하며 살았다. 가려야 할 것도, 숨겨야 할 것도, 부끄러워해야 할 것도 없었다. 하나님을 신뢰하기에 하나님이 지어 주신 자신의 모습에 만족하며 기뻐했다.

하나님께서는 아담과 그의 아내에게 땅을 정복하고 모든 피조물을 다스리는 일을 위임하셨다.

"하나님이 그들에게 복을 주시며 하나님이 그들에게 이르시되 생육하고 번성하여 땅에 충만하라, 땅을 정복하라, 바다의 물고기와 하늘의 새와 땅에 움직이는 모든 생물을 다스리라 하시니라"(창세기 1:28).

그들이 어떻게 그 엄청난 일들을 감당할 수 있었을까? 그들은 하나님의 형상대로 지어졌을 뿐 아니라 늘 하나님의 생기를 호흡하고 있었기 때문에 누구보다도 하나님의 마음을 잘 알고 있었다. 하나님이 땅을 어떻게 경작하기를 원하시는지, 생물을 어떻게 돌보며 다스리기를 원하시는지 잘 알았고 하나님의 마음을 헤아릴 줄 알았다.

사람의 다스림 아래 있던 에덴동산은 모든 것이 하나님의 질서 가운데 평강을 누리는 곳이었다. 뿐만 아니라 아담에게는 돕는 배필인 아내가 있다. 아담과 하와가 한마음으로 다스리는 에덴은 축복의 동산이었다.

따라서 에덴동산에서 아담이 그의 아내와 함께 땅을 정복하고 생물을 다스리는 일은 힘든 노역이 아니었다. 하나님이 안식하시듯, 그들도 하나님의 안식 가운데 땅을 경작했고 생물들을 다스렸다. 모든 생물들을 하나님의 질서 가운데 다스리기 위해서는 그들 먼저 그 질서 가운데 거하여야 했다. 아담이 다스리는 세상은 안식 가운데 평강이 흘러넘쳤다.

에덴, 그곳은 하나님의 동산이었다.

슈퍼내추럴 사랑

2011년 2월, 남편이 약 2주 동안 중남미로 기도 여행을 떠났다. 여러 말씀 사역자들과 중보자들이 함께 중남미를 돌면서 현지 교회들을 방문하여 그들을 격려하고 중남미 교회들을 향한 하나님의 뜻을 전하는 여행이었다.

집을 떠난 후에도 남편은 와이파이(wifi)가 되는 곳에 가면 스마트폰으로 전화를 걸어 화상 통화를 하며 가는 곳곳의 소식을 전해 주었다. 소식을 듣는 대로 기도하면서, 비록 함께 가지는 못했지만 한마음으로 모든 여정들을 따라가고 있었다.

남편이 떠난 지 일주일이 지나갈 때 쯤이었다. 하루는 갑자기 남편이 몹시 보고 싶어졌다. 그날 낮에 남편에게서 전화가 왔는데 생각지도 않은 말이 터져 나왔다.

"여보, 빨리 집에 와! 보고 싶어!"

난생 처음 해 본 말이었다. 그런데 그 다음날도 똑같은 말을 되풀이하고 있는 나를 발견했다.

우리 두 사람은 하나님의 비전 때문에 만나 가정을 이루었다. 하나님을 섬기고 교회를 섬기는 데에는 두 사람다 온 힘을 다했다. 우리 부부를 지탱해 주는 힘의 원동력은 서로를 향한 사랑보다는 하나님을 향한 열정이었던 것같다.

그렇게 17년을 살아왔는데, 처음으로 당신이 보고 싶으니 빨리 집에 돌아오라고 남편을 재촉한 것이다. 그것도 외국에 나가 있는 사람에게 말이다. 내 자신이 봐도 어색한 일이었다.

남편도 그런 내 모습이 어색했던 것 같다. 내가 그 어색한 말을 되풀이하자 남편이 물었다.

"허니, 왜 그래? 그냥 하던 대로 해."

그날 내내 생각했다.

'도대체 내가 왜 이러지? 하나님 제가 왜 이럴까요?'

나도 궁금해지기 시작했다. 분명 내 평소 모습은 아니었다. 이런저런 이유들을 생각해 보고 있는데, 그때 한 단어가 머릿속에 들어왔다.

'슈퍼내추럴 러브(Supernatural Love)'

내가 당시 느꼈던 사랑의 감정은 일상의 내 기준으로는 분명 자연스러운(natural) 것이 아니었다. 그것은 내 안에서 나온 감정이라기보다는 하나님이 주권적으로 부어 주신 감정이라는 생각이 들었다.

"그래 맞다! 이건 분명히 슈퍼내추럴한 감정이야."

갑자기 부어진 감정에 스스로 어리둥절해 하고 있는데, 그 감정이 에덴동산에서는 매우 자연스러웠을 거라는 생각이 들었다.

지금 세상에서 슈퍼내추럴하다고 하는 것들이 에덴동산에서는 극히 자연스러운 것이었을 것이다. 사랑도 마찬가지였을 것이다. 에덴동산의 사랑을 우리 시각으로 본다면 슈퍼내추럴한 사랑일 수밖에 없다.

아담은 여자를 보자마자 "이는 내 뼈 중의 뼈요 살 중의 살"이라고 고백했다. 사랑의 극적인 표현만이 아니라 아담은 자신이 잠든 사이에 있었던 놀라운 일을 마치 알고 있었던 것처럼 여자의 본질을 꿰뚫어 봤다.

지금의 우리로서는 상상하기 힘든 일이다. 어떻게 보자마자 본질을 간파한단 말인가.

그러나 에덴이 다시 회복될 때 동일한 일이 벌어질 것이다. 남자와 여자가 서로 뜨겁게 사랑하며 남편이 아내를 향하여 "이는 내 뼈 중의 뼈요 살 중의 살"이라고 고백할 것이다.

아담과 아내의 슈퍼내추럴한 사랑은 사실 하나님의 형상에서 나온 하나님의 성품이다. 값없이 주는 사랑이다. 어느 누구도 사랑을 얻기 위해 노력하거나 대가를 치르지 않았다. 아담이 하나님께 다스림을 위임 받은 왕으로서 생물을 다스릴 때, 하나님의 형상으로 하나님의 슈퍼내추럴한 사랑을 가지고 다스렸을 것이다. 따라서 온 생물은 그의 다스림에 순종했을 것이다.

그러나 아담과 그의 아내가 선악과를 따 먹고 죄를 지은 그 순간부터 사람 사이에, 사람과 만물 사이에 슈퍼내추럴한 사랑은 자취를 감추고 말았다. 하나님의 슈퍼내추럴한 사랑을 상실했기 때문이다.

하나님은 그런 인간에게 더 이상 피조물을 맡기지 않으신다. 사람은 더 이상 땅을 정복하고 생물을 다스리지 못하게 되었다.

언제까지? 예수님이 이 땅에 오셔서 모든 것을 회복하실 때까지!

하나님께서는 에덴동산에서 산산조각이 난 사랑의 이야기를 회복하기 위하여 또 다른 동산으로 인류를 초대하신다.

"남편들아 아내 사랑하기를 그리스도께서 교회를 사랑하시고 그 교회를 위하여 자신을 주심 같이 하라 이는 곧 물로 씻어 말씀으로 깨끗하게 하사 거룩하게 하시고 자기 앞에 영광스러운 교회로 세우사 티나 주름 잡힌 것이나 이런 것들이 없이 거룩하고 흠이 없게 하려 하심이라"(에베소서 5:25-27).

마지막 아담으로 오신 예수님의 신부는 아름답지도 않고 온전하지도 않다. 마지막 아담은 먼저 그의 사랑하는 신부를 거룩하고 흠이 없게 만들어야 했다. 신부를 위하여 자기의 목숨을 내어 주는 것이 하나님 아버지의 방법이었다.

"아빠 아버지여 아버지께는 모든 것이 가능하오니 이 잔을 내게서 옮기시옵소서 그러나 나의 원대로 마옵시고 아버지의 원대로 하옵소서"(마가복음 14:36).

하나님께서는 다른 방법으로 에덴동산의 사랑을 회복하실 수도 있었을 것이다. 그래서 예수님은 아빠 아버지께 혹시 다른 방법으로 그 사랑을 회복하시면 안 되겠는지 여쭈었다. 그러나 아버지의 방법은 신랑이 신부를 위하여 자기의 목숨을 내어 주는 것이었다. 신랑은 아빠 아버지가 원하시는 그 사랑의 길을 앞에 놓고 겟세마네에서 땀방울이 핏방울이 되도록 기도하셨다. 그리고 마침내 그는 신부를 위하여 기꺼이 자신의 목숨을 내어 주기로 결단하셨다.

신랑의 십자가 죽음을 통하여 신부는 깨끗하고 거룩하

게 변화되어 영광스러운 모습으로 거듭나게 되었다. 티나 주름잡힌 것이나 어떤 흠도 없는 아름다운 신부의 모습이다. 십자가의 보혈로만 회복시킬 수 있는 신부의 영광스런 모습이다.

남편을 왕처럼, 신랑되신 예수님처럼 섬기며 나의 연약함을 절감할 때가 많았다. 얼마나 많이 쓰러지고 또다시 일어서기를 반복했는지 모른다. 그렇게 힘들어하는 내게 주님께서 위로의 말씀을 주셨다.

"딸아, 힘들어하지 마라. 네가 겪어야 할 것들에 대해 결코 힘들어하지 마라. 네 남편이 감당해야 할 것은 네가 겪는 것보다 훨씬 더 힘든 것이란다. 나의 명령에 순종하기 위해 너는 자아를 내어 놓지만, 너의 남편은 목숨을 내어 놓는단다."

나는 남편에게 받게 될 사랑을 생각하며 감격한다. 그리고 그 사랑이 감사하여 다시 벌떡 일어선다.

하나님께서는 아담이 무너졌던 그 자리로 당신의 독생자를 보내셨다. 예수님은 친히 당신의 몸을 드려 신부를 온전케 하셨다. 예수님은 이 땅에 살아가는 모든 신랑들의 모본이시다. 주님께서는 이 땅의 남편들을 예수님이 걸으셨던 그 길로 초청하신다.

나는 남편에게서 신부인 교회를 위해 자신을 드리셨던 예수님의 모습을 발견한다. 아직도 부족하고 온전하지 못한 나의 모습을 완성해 줄 사람, 나의 흠 있고 구겨진 모습을 바로잡아 아름답게 해 줄 사람이 바로 내 곁에 있는 남편이다.

신랑의 십자가 죽음을 통하여 신부는 깨끗하고 거룩하게 변화되어 영광스러운 신부의 모습으로 거듭나게 되었다. 티나 주름 잡힌 것이나 어떤 흠도 없는 아름다운 신부의 모습이다. 십자가의 보혈로만 회복시킬 수 있는 신부의 영광스런 모습이다.

그런 신부의 모습을 보며 신랑이신 예수께서 아담이 에덴동산에서 자기의 신부를 향하여 했던 고백을 다시 하실 것이다.

"이는 내 뼈 중의 뼈요 살 중의 살이라."

예수님의 뼈와 살과 피를 흘려 회복한 사랑이다.

하나님이 본래 우리에게 주신 사랑은 슈퍼내추럴한(원래는 자연적이었던) 사랑이다. 세상의 기준으로는 이해할 수 없는 사랑, 자기를 아낌없이 내어 주는 사랑, 이것이 바로 하나님이 에덴동산에서 사람의 마음속에 심어 놓으셨던 사랑이다.

사명으로 시작한 우리 두 사람의 결혼 생활, 그래서 교회를 섬기고 사역을 하는 데에는 쉽게 한마음이 되었지만 정작 상대를 있는 모습 그대로 용납하고 사랑하는 데에는 너그럽지 못했던 두 사람의 삶을 하나님께서는 이제 슈퍼내추럴한 사랑으로 채색하고 계셨다. 에덴동산에서 있었던 그 사랑으로 말이다.

첫 번째 명령, 떠남

떠나는 사람들의 이야기가 성경에 자주 등장한다. 하나님께서는 그분의 계획을 이루기 위해 순종하는 사람들을 부르신다. 그들에게 공통적으로 하시는 첫 번째 명령 중 하나는 '떠나라'인데, 이 명령에 순종하는 사람들을 통해 하나님은 그분의 꿈을 이 땅에서 펼치신다.

믿음의 조상 아브라함을 통하여 인류의 구원 역사가 시작되기 전, 하나님은 먼저 아브라함에게 떠날 것을 명령하셨다.

"여호와께서 아브람에게 이르시되 너는 너의 고향과
친척과 아버지의 집을 떠나 내가 네게 보여 줄 땅으
로 가라"(창세기 12:1).

부르심을 받은 아브라함은 하나님의 말씀에 온전히 순
종하였고, 마침내 하나님이 주신 땅인 가나안에 들어가게
되었다. 이렇듯 온 열방을 구원할 하나님의 계획은 한 사
람의 떠남으로부터 시작되고 있었다.

70명에 불과한 야곱의 자손들이 애굽으로 내려간 지
430년이 흘렀다. 이제 그들은 장정만 60만 명으로 큰 민
족을 이루었으나 애석하게도 바로의 노예가 되어 있었다.
그들을 하나님만 섬기고 예배하는 열방의 제사장 민족으
로 삼기 위해, 하나님은 그들을 출애굽시키기로 하셨고,
이를 위해 한 사람을 부르셨다.

"믿음으로 모세는 장성하여 바로의 공주의 아들이라
칭함 받기를 거절하고 도리어 하나님의 백성과 함께
고난 받기를 잠시 죄악의 낙을 누리는 것보다 더 좋
아하고"(히브리서 11:24-25).

모세는 그 부르심에 순종하여 민족을 이끌고 애굽을 떠났다. 모세의 떠남을 통하여 한 민족이 열방의 제사장 나라로 일어나게 되었다.

예수님이 이 땅에서 사역을 시작하기 전 먼저 제자들을 부르셨다. 그 부르심에 순종하는 자들은 자신들의 생업이었던 뱃일과 아버지를 버려두고 예수님을 따라나섰다(마 4:22). 음부의 권세가 이기지 못하는 그리스도의 교회가 이 제자들을 통하여 세워졌다. 그리고 주님은 교회에게 하나님의 킹덤을 온 땅에 전파하는 사명을 주셨다.

죄악된 세상에 속해 있으면 하나님을 섬기는 데 걸림돌이 되는 경우가 많다. 하나님만 바라보기보다는 그들이 의지하던 것, 때로는 부모 친척, 때로는 세상이 주는 부귀나 특권 또는 삶을 지탱해 주는 생업을 더 신뢰하게 된다. 하나님의 사람들이 거룩한 부르심에 순종하기 위해서는 가장 먼저 하나님 대신 의지하던 것으로부터 떠나는 여행을 시작해야 한다. 세상에 몸담고 있지만 세상과 구별되어 하나님이 사용하시는 거룩한 도구로 자신을 준비시켜야 한다.

그런데 모든 떠나는 이야기의 원형(original)을 에덴동산에서 발견하게 된다.

"이러므로 남자가 부모를 떠나 그의 아내와 합하여 둘
  이 한 몸을 이룰지로다"(창세기 2:24).

하나님께서 아담에게 명령하신 '떠남'은 선악과 사건
이후 아브라함부터 시작하여 믿음의 사람들에게 계속하
여 명령하신 '떠나라'와는 다른 특징이 있다.

이 말씀은 아담이 아직 죄를 모르던 때에 하셨던 말씀
이다. 뿐만 아니라 세상은 아직 죄의 영향을 받지 않아 하
나님이 보시기에 좋고 온전한 상태였다.

그럼에도 불구하고 하나님께서는 아담이 떠나야 한다
고 말씀하셨다. 아내와 한 몸을 이루기 위해서다.

남자가 부모를 떠나 아내와 합하여 둘이 한 몸을 이루
면서 비로소 하나님의 사역이 시작된다. 하나님께서는 아
담과 그의 아내의 연합을 통해서 일하기를 원하시기 때문
이다. 그러므로 남자는 부모를 떠나야만 한다.

"그러므로 사람이 부모를 떠나 그의 아내와 합하여 그
  둘이 한 육체가 될지니 이 비밀이 크도다 나는 그리
  스도와 교회에 대하여 말하노라"(에베소서 5:31-32).

사도 바울은 사람이 부모를 떠나 그의 아내와 하나가 되는 것이 큰 비밀이라고 고백했다.

하나님은 그리스도의 신부인 교회를 통해 일하신다. 하나님의 일은 신랑이신 그리스도와 신부인 교회가 하나될 때 온전히 이룰 수 있다. 마찬가지로 하나님께서는 남자와 여자가 연합을 이룰 때 비로소 온전하게 일하기 시작하신다.

예수님의 사역 첫 걸음이 땅의 신부와 하나되기 위해 하나님 아버지를 '떠남'이었던 것처럼, 이 땅에서 남편과 아내가 하나되는 것 또한 하나님의 사역의 시작이요 기초인 것이다.

부부의 하나됨이 가장 먼저다

2009년 10월, 연달아 세 번의 꿈을 꾸었다. 언뜻 이해하기 힘든 꿈들이었다.

27일 새벽녘에 꿈에서 깨어났다. 꿈에서 깨긴 했는데 현실과 혼동이 될 만큼 생생한 꿈이었다. 온 집안이 아직도 어둠 속에 묻혀 있었다.

나는 얼른 커피를 내려 조용히 골방으로 갔다. 연한 불빛 아래서 따뜻한 커피 한 잔을 앞에 놓고 조금 전에 꾼 꿈을 묵상했다.

꿈에서 남편이 나를 무척 화나게 했다. 나는 너무 화가 난 나머지 현관문을 부서져라 꽝 닫았다. 그래도 분노가 전혀 사그라질 줄 몰랐다. 급기야 남편의 목을 조르기 시작했다. 손에 더욱 힘을 주어 그의 목을 졸랐다. 웬일인지 그는 아무런 저항도 않고 누운 채로 손가락으로 바닥에 무언가를 썼다.

'You are killing me(당신이 지금 나를 죽이고 있어).'

남편이 손가락으로 가까스로 쓴 글을 흘긋 읽었는데도 나의 화는 여전히 누그러지지 않았다. 나는 손에 더욱 힘을 주어 그의 목을 졸랐다. 그는 여전히 아무 소리도 내지 않은 채 또다시 손가락으로 바닥에 글씨를 썼다.

'You are killing me(당신이 나를 죽이고 있어).'

하나님이 주신 꿈이라는 확신이 들었다. 그래서 주님께 기도했다.

"이 꿈을 통하여 제게 무엇을 말씀하고자 하십니까?"

꿈의 내용은 실제와 매우 흡사했다. 결혼하여 살면서 정말 그렇게 화가 나는 때가 여러 번 있었다.

'어쩌면 남자가 저럴 수 있을까?'

끓어오르는 화를 주체할 수가 없었다. 그렇다고 소리를 지르며 싸울 수도 없었다.

신혼 시절에 한 번은 남편이 나를 잔뜩 화나게 만들어 놓고는 농구하러 간다고 나가 버렸다. 나는 아파트 벽에 걸려 있던 결혼 선물로 받은 액자들을 하나하나 떼어 거실 바닥에 내동댕이쳐 산산조각 냈다. 화를 분출할 수 있는 방법은 고작 그것뿐이었다.

그래도 화가 풀리지 않을 때는 아예 침묵 속으로 들어가곤 했다. 남편과 한 마디도 안 하기로 작정한 것이다. 때로는 며칠, 때로는 몇 주일 동안 그렇게 대화를 안 하고 살았다. 남편이란 사람과는 평생토록 말 한 마디 하지 않고 살겠다고 다짐하기도 했다.

내가 그렇게 하면 남편은 며칠은 견디다가 일주일이 넘어가기 시작하면 얼굴빛이 변하기 시작했다. 정말 어디 아픈 사람처럼 얼굴빛이 검게 변하고 괴로워하였다.

실제로 있었던 몇 가지 상황을 떠올리며 묵상하고 있는데 남편이 꿈속에서 손가락으로 썼던 글씨가 클로즈업

되었다.

'You are killing me.'

나를 먼저 화나게 만든 사람은 분명히 남편이었다. 그런데 그에 대한 나의 반응은 실제로 그를 죽이는 것과 같았다. 내가 몇 주일씩 침묵할 때 남편은 죽어 가고 있었던 것이다.

나는 그날 새벽 깜깜한 골방에서 결혼 초 남편에게 했던 행동들을 회개했다. 그리고 그가 겪었을 죽을 것 같은 고통들에 대해 마음 아파하게 되었다.

'여보, 미안해.'

다음 날 새벽, 나는 또다시 꿈에 놀라 깨어났다. 온 몸이 오싹했다. 잠에서 깨면 제일 먼저 하는 일이 커피 만드는 것인데, 그날은 그것조차 잊은 채 곧장 골방으로 갔다. 아직도 꿈속에서의 그 섬뜩함이 생생했다. 기도를 해도 그 꿈을 어떻게 해석해야 할지 전혀 헤아릴 수가 없었다.

'주님, 이 꿈의 의미를 전혀 알 수가 없습니다. 제 안에 저도 모르는 큰 죄악이 있는 것 같습니다. 제가 모르고 지은 모든 죄악을 용서해 주세요.'

하루 종일 꿈의 내용이 머리에서 떠나지 않았다. 그러나 그 뜻을 전혀 해석할 수가 없었다.

그래서 때가 되면 하나님께서 알게 해 주실 거라고 믿으며 모든 것을 그저 주님께 맡겨 드리기로 했다.

그 다음 날, 또 꿈을 꾸었다. 3일 연속으로 꿈을 꾸다니!

꿈에서 나는 흰 눈이 덮인 겨울 산을 오르고 있었다. 산은 온통 흰 눈으로 덮여 있었고 깎아지른 절벽이 있는 험한 산이었다. 나와 남편은 신나는 모험을 나선 사람들처럼 그 겨울 산을 함께 오르는 중이었다.

그런데 도중에 의견 충돌로 다투었고 서로 헤어져 산을 오르게 되었다.

나는 산 정상에 오르는 지름길을 발견하고는 혼자서 열심히 그 길을 올랐는데 매우 위험해 보였다. 지름길이긴 하지만 한 발짝만 잘못 디뎌도 낭떠러지 아래로 떨어질 것만 같았다.

남편은 아직 걷지도 못하는 딸 지원이를 안고 있었다. 뒤쪽 어딘가에 오고 있을 남편과 지원이의 안전이 걱정되었다. 아기를 안고 눈길에 발을 잘못 딛기라도 하면 큰일날 텐데…. 낭떠러지가 눈에 어른거렸다.

이제 나는 거의 산 정상의 바로 밑에서, 정상에 발을 올려놓으려고 안간힘을 쓰고 있었다. 나뿐만 아니라

여러 사람들이 산 정상에 오르려고 마지막 힘을 쓰고
있었다.

꿈속에서의 장면들을 하나하나 되짚어가며 그것들이
무엇을 말하는지 주님께 물었다.

주님을 만나기 전뿐만 아니라 주님을 인격적으로 만나
고 난 후에도 나는 학업에 우선순위를 두고 살았다. 결혼
을 하고 난 뒤로는 마음껏 공부할 수 없는 것이 늘 속상했
다. 가정이 마치 올무처럼 느껴질 때가 많았다. 자유롭게
공부하고 내가 원하는 것을 하면서 살고 싶었다.

그런데 그날 새벽, 주님은 꿈을 통하여 내게 말씀하시
는 것 같았다.

"너의 그 계획들이 얼마나 위험한 것인지 아느냐?"

내가 택한 지름길은 상당히 위험한 길이었다. 나는 남편
도 아이도 뒤로하고 혼자서 열심히 산을 오르고 있었다.

하나님은 온 가족이 함께 산을 오르길 원하셨다. 그러
면 등산은 즐거운 여정이 되었을 것이고, 산의 아름다움
을 만끽하며 하나님을 찬양하면서 모두가 함께 기쁨으로
정상에 올랐을 것이라고 말씀하시는 것 같았다.

세 번째 꿈이 이해되자 비로소 두 번째 꿈도 이해되기

시작했다.

두 번째 꿈은 내가 친자매들과 간음하는 소름끼치는 꿈이었다. 꿈에서 깬 나는 너무 놀라고 기가 막혀 멍한 채로 앉아 있었다. 그냥 간음한 것도 놀랍고 무서운 일인데, 내가 친자매들과 간음했다는 사실에 스스로 놀라서 공포에 사로잡혀 그저 멍하니 앉아 있었다.

결혼하고 난 후 학업을 끝까지 마치지 못하고 가정에서 살림하는 주부로 살게 되자 그 누구보다도 언니들이 아쉬워했다. 그들의 실망한 모습을 볼 때면 나는 오히려 환한 얼굴로 위로하며 지금의 삶이 얼마나 의미있고 좋은지를 설명하곤 했다.

그런데 그렇게 말하는 나의 내면 깊숙한 곳에서는 남편을 향한 서운한 마음이 나도 모르게 고개를 들곤 했다.

'그가 나를 조금만 도와주었더라도 이렇게까지는 안 되었을 텐데…'

내 마음은 남편으로부터 한 발짝 뒤로 물러서고 있었다. 우리 두 사람 사이에 틈새가 점점 더 벌어지고 있었던 것이다. 그런 내 모습에 대해 하나님은 '간음'이라고 말씀하시는 것 같았다.

'왜 간음인가요?'

육체적인 행위이든 정신적인 상태이든 아니면 영적이든지 간에 한 몸된 부부의 관계를 분리하고 서로 멀어지게 만든다면 그것이 바로 간음이다.

이스라엘 백성의 마음이 하나님 대신 다른 것들을 추구할 때 하나님은 '내 백성이 간음하였다'고 말씀하셨다. 그들의 죄악된 행동에 대해 다른 이름을 붙일 수도 있었을 텐데 왜 하필이면 '간음'이라고 부르셨을까? 왜냐하면 하나님과 백성의 관계를 결혼 언약 안에 있는 신랑과 신부로 보셨기 때문일 것이다.

셋째 날 새벽, 나는 이전에 가졌던 생각과 판단의 기준들을 모두 내려놓아야 했다. 하나님께서는 그 어느 관계보다도, 혈연의 관계보다도 언약으로 맺어진 남편과 아내가 하나되는 것을 더 중요하게 여기신다는 것을 깨달았다.

그 어떤 좋은 일보다도, 그 어떤 좋은 관계를 유지하는 것보다도 먼저 힘써야 되는 것이 바로 남편과 아내가 하나되는 것이다. 그리고 그것을 방해하는 것에 대해 하나님은 단호하게 간음죄를 적용하신다는 것을 알게 되었다.

나는 부부의 하나됨을 가장 우선순위에 놓기로 결단하였다.

부부싸움을 할 때면 처음에는 그럴 듯한 논리로 서로

자신의 주장을 했지만, 결국 마지막에 가서 남편은 한마디로 자기의 마음을 표현하곤 했다.

"내가 당신에게 원하는 것은 그저 한 가지야. 나의 아내가 되어 달라는 것 뿐이야.(Just be my wife.)"

결혼 내내 외쳤던 그의 간구를 이제야 조금 이해할 수 있었다. 아내라는 자리보다는 다른 것들에 더 마음을 주고 있던 나를 바라보는 남편의 마음이 어땠을까?

자신의 갈비뼈로 지음을 받은 아내와 다시 하나가 되기를 원하는 남편의 간구는 하나님께서 보시기에 너무나도 합법적인 기도였을 것이다. 그것은 하나님께서 반드시 응답하셔야 하는 기도였다. 오랜 인내의 시간 후에 하나님께서는 남편의 간구에 응답하셨다.

"주님, 남편의 아내가 되는 것을 그 어떤 것보다 우선시하겠습니다."

첫 번째 재판, 회복과 완성의 청사진

남편과 하나를 이루어야 하는 여자가 혼자 있는 틈을 타서 다가온 뱀은 하나님이 세우신 법인 동산 중앙에 있는 나무에 대하여 질문하기 시작했다.

"하나님이 참으로 너희에게 동산 모든 나무의 열매를 먹지 말라 하시더냐"(창세기 3:1b).

"뱀이 여자에게 이르되 너희가 결코 죽지 아니하리라 너희가 그것을 먹는 날에는 너희 눈이 밝아져 하나님과 같이 되어 선악을 알 줄 하나님이 아심이니라"(창세기 3:4-5).

뱀의 말을 들은 후 여자의 눈에 나무가 전혀 새롭게 보이기 시작했다. 동산 중앙에 있는 그 나무를 늘 보고 자주 지나다녔는데도 말이다. 결국 여자는 열매를 따 먹었다. 그리고 자기의 남편에게도 주었다.

열매를 먹고 나니 뱀이 말했던 것처럼 정말로 눈이 밝아졌다. 밝아진 눈에 처음 들어온 것은 자기의 벌거벗은 모습이었다. 그들은 몸을 가리기 위해 급히 무화과 나뭇잎을 엮어 치마를 만들었다.

그리고 두려움을 느껴 하나님의 낯을 피해 숨었다. 처음으로 하나님 앞에서 자신의 모습을 숨긴 것이다. 하나님의 엄중한 목소리에 할 수 없이 모습을 드러냈지만 아담과 그의 아내는 하나님을 실망시키고야 말았다.

"하나님이 정말로 그렇게 말씀하셨을까?"라는 단순한 물음, 별로 해가 될 것 같지 않아 보였던 그 물음이 모든 것을 뒤집어 버렸다. 실상 사탄의 유혹이었기 때문이다. 비극은 이렇게 단순한 물음에 잘못 반응함으로써 시작된다.

아담의 돕는 배필로 하나님께서 특별히 창조한 여자, 그녀가 혼자 있을 때 뱀의 꾐에 넘어감으로써 세상은 죄의 영향 아래 놓이게 되었다. 하나님이 보시기에 아주 좋았던 세계는 처음의 모습을 잃어버리고 말았다.

공의로우신 하나님께서는 선악과를 따 먹는 범죄에 참여한 이들을 모아 재판을 여셨다. 각자의 말을 들어보시고는 그들에게 합당한 판결을 내리셨다. 여자를 유혹한 사탄에게, 사탄의 꾐에 넘어가 선악과를 먹은 여자에게, 그리고 여자의 말을 듣고 선악과를 먹은 아담에게 각각 의로운 판결을 내리셨다(창 3:14-19).

에덴동산에서 있었던 이 첫 번째 재판은 인류의 역사를 결정하였다. 하나님의 판결은 뱀, 여자, 아담 그리고 여자의 자손이 앞으로 어떤 삶을 살게 될지 알려 주고 있다.

뱀, 그는 저주 아래 놓이는 신세가 되었다. 하나님께서 자신이 지으신 창조물에게 처음으로 저주를 선언하셨다. 그리고 그는 여자와 원수가 되었다. 얼마 전까지 선악과를 놓고 담소를 나누며 누구도 알지 못하는 비밀스런 이야기를 나누던 뱀과 여자는 순식간에 원수가 되는 운명이 되고 말았다. 그리고 결국에는 여자의 후손에 의해 머리가 상하고 말 것이었다.

여자, 그녀에게는 임신의 고통과 해산의 수고가 주어졌다. 자식을 얻기 위한 고통이 여자의 몫이 되었다. 그리고 그녀는 남편을 원하고 남편은 그녀를 다스리는 관계가 되었다.

남자, 그의 범죄함으로 인해 땅이 저주를 받게 되었다. 남자는 그 저주 받은 땅에서 소산을 얻기 위해 땀 흘려 수고하는 운명이 되었다. 에덴동산에서 누렸던 아담의 삶과 무척이나 다르다.

그는 에덴에서는 먹을 것을 얻기 위해 일하지 않았다. 모든 실과가 그에게 거저 주어졌고 대신 그는 온 땅을 정복하고 모든 생물을 다스리기 위하여 수고하였다. 그런데 그는 이제 땅을 정복하고 생물을 다스리는 대신에 저주 아래 놓인 땅에서 먹을 것을 얻기 위해 땀 흘려 일하는 운명이 되었다. 그리고 동일한 운명이 그 이후 오는 세대에 남자가 감당해야 할 몫이 되었다.

'세상을 이처럼 사랑하신' 하나님께서 공의의 재판장으

로 판결을 내리는 그 순간에도 그분은 죄로 무너진 세상을 다시 회복할 계획을 세우셨다. 죄의 영향 아래 있는 인류를 깨끗게 하여 하나님이 만드셨던 원래의 모습으로 회복할 계획을 하셨다. 그리고 사탄을 멸하고 하나님의 킹덤을 완성할 청사진을 만들고 계셨다.

하나님 나라의 회복과 완성을 위한 계획 그 중심에, 모든 창조의 맨 마지막에 심혈을 기울여 만드신 아담의 돕는 배필인 여자를 두셨다.

"내가 너로 여자와 원수가 되게 하고 네 후손도 여자의 후손과 원수가 되게 하리니 여자의 후손은 네 머리를 상하게 할 것이요 너는 그의 발꿈치를 상하게 할 것이니라 하시고"(창세기 3:15).

그날 이후로 여자와 그녀의 후손은 사탄의 원수가 되어 이 세상을 살게 되었고 여자의 후손으로 말미암아 사탄은 영원히 멸망하게 된다.

이 놀라운 하나님의 계획에 여자가 어떻게 사용될까? 하나님의 계획은 그녀에게 내려진 판결문에 이미 쓰여 있다.

"또 여자에게 이르시되 내가 네게 임신하는 고통을 크게 더하리니 네가 수고하고 자식을 낳을 것이며 너는 남편을 원하고 남편은 너를 다스릴 것이니라 하시고"(창세기 3:16).

여자의 해산의 수고로 태어나는 자식은 다름 아닌 사탄의 머리를 상하게 하는 여자의 후손인 것이다. 이 아이로 인하여 세상은 사탄의 올무로부터 완전히 벗어나 하나님의 킹덤을 완성하게 된다.

여자는 또한 남편을 사모하고 그 남편의 다스림을 받게 될 것이라고 선언하셨다. 범죄 이후 아내와 남편의 관계가 이전과 많이 달라졌다. 하나님이 창조하신 세상을 다스렸던 남편이 이제는 세상이 아니라 그가 이전에 "내 뼈 중의 뼈요 살 중의 살이라"는 사랑의 고백을 하던 아내를 다스리는 상황이 되었다.

하나님은 어떤 방법으로 남자의 운명을 회복하고 두 사람의 관계를 회복하시려는 걸까?

남편 안에 주신 그 다스림의 속성이 다시 모든 생물을 다스리는 모습으로 회복될 수 있도록 하나님은 그의 아내를 사용하신다.

남편이 아내를 다스릴 때마다 아내는 그가 세상을 다스렸던 사람임을 기억하게 된다. '무엇을 먹을까 무엇을 마실까 무엇을 입을까' 염려하는 대신에 '먼저 그의 나라와 그의 의를 구하라'고 알려 준다. 남편이 이전에는 '아내의 말을 듣고' 범죄하였으나 이제 아내는 그의 잃어버린 권세를 회복하는 데 중요한 사람이다.

여자를 창조하며 그녀를 통하여 가지셨던 하나님의 기대는 그녀가 선악과를 먹는 죄를 범한 후에도 변하지 않고 여전히 하나님의 마음속에 있다.

하나님의 마지막 창조물인 여자. 그녀는 이제 죄로 물든 세상에서 남자의 정체성과 사명을 회복하고 사탄의 운명을 영원한 파멸로 이르게 하는 데 사용될 것이다. 여자를 향한 하나님의 기대는 결코 사라지지 않고 오히려 에덴동산 밖에서 더욱 크고 위대해졌다.

11
/
킹덤
제너레이션

남자들에게 가장 중요한 사명은 가정이다

다니엘이 중남미 기도 여행을 하던 중이었다. 남편과
내가 화상 통화를 하자 크리스토퍼가 달려와 끼어들었다.

"아빠, 언제 와?"

"며칠 더 있어야 돼."

"아빠, 이틀을 줄게. 빨리 와."

"아직 할 일이 다 안 끝났는데…."

"음…, 그러면 이틀하고 여섯 시간 더 줄게. 꼭 와야 돼!

알았지, 아빠?"

다니엘의 일정이 끝나려면 아직 며칠 더 기다려야 했다. 콜롬비아에서 집회를 가진 후에 베네수엘라에서 마지막 집회를 가질 예정이었다.

특히 마지막 집회는 스타디움에서 열릴 예정이었는데 다니엘은 오랫동안 스타디움을 놓고 기도해 왔던 터라 몹시 흥분되어 있었다.

미국에는 도시마다 큰 스타디움들이 있어서 주말이면 풋볼 경기를 보러 온 관중으로 가득 찬다. 그런 걸 보면서 다니엘과 많은 믿음의 사람들이 기도했다. 스타디움들이 풋볼 경기 때문이 아니라 하나님께 드리는 예배 때문에 사람들로 가득 차게 해 달라고 말이다. 그 기도 응답을 베네수엘라에서 받게 된 것이다. 그러니 얼마나 감격스러웠겠는가.

그런데 남편의 귀에는 크리스토퍼의 목소리가 계속 맴돌았다.

"하나님, 이럴 때 어떻게 하면 좋죠?"

아이가 이해할 수 있도록 쉽게 설명할 말을 찾으며 하나님께 물었더니 하나님께서 의외의 말씀을 주셨다.

"스타디움은 기다려 줄 수 있지만 네 아들은 기다려 줄 수 없단다.(Stadium can wait, but your son can't wait)"

남편이 당황하여 잠잠히 귀를 기울이자 하나님이 계속해서 말씀하셨다.

"스타디움 집회를 위해서는 많은 강사가 있지만, 네 아들에게는 오직 단 한 명의 아빠만 있을 뿐이다.(There are many speakers for the stadium, but there is only one father to your son)"

그는 집으로 돌아오기로 마음먹고 스타디움을 포기했다. 콜롬비아에 도착하자 그는 일정을 관리하는 선교사님에게 양해를 구했다. 원래 계획했던 베네수엘라에는 함께 갈 수 없을 것 같다고 말했다. 설명을 들은 선교사님은 옳은 일이라며 남편의 결정을 지지해 주었고 베네수엘라로 가는 비행기 대신에 미시간으로 돌아오는 비행기를 예약해 주었다.

큰 집회 계획을 포기하고 오직 아들과의 약속을 지키기 위해 일찍 돌아오면서 다니엘이 얼마나 기대했겠는가. 크리스토퍼가 기뻐서 환호성을 지르는 걸 기대하며 현관문을 열었는데 정작 아이는 아빠만큼 흥분된 얼굴이 아니었다.

"아빠, 왜 이렇게 일찍 집에 왔어?"

"크리스토퍼, 아빠한테 이틀하고 여섯 시간 안에 돌아오라고 했잖아. 그래서 네 말대로 아빠가 일찍 돌아온 거야!"

"오케이."

별다른 반응을 보이지 않고 놀이에만 열중하는 아들을 보고 남편이 당황했다.

"스타디움 집회를 포기하면서까지 왔는데…."

그러나 이내 다니엘의 마음에 하나님의 평강이 가득 밀려왔다.

"괜찮아."

아이가 고맙다는 인사를 제대로 하지 않더라도 괜찮다. 왜냐하면 하나님이 기뻐하시는 일을 했기 때문이다. 아이에게는 하나밖에 없는 아빠로서 자기가 줄 수 있는 사랑을 표현했기 때문이다.

'그래, 크리스토퍼. 나는 너에게 하나밖에 없는 아빠야. 너의 아빠가 된 것에 감사한단다. 너는 내게 축복이야.'

아버지는 자녀를 주의 교훈과 훈계로 양육할 책임을 위임받은 존재다. 그렇다고 주의 교훈과 훈계를 단순히 전달하는 것만이 아니다. 지식 전달은 누구에게서라도 받을 수 있다. 아버지는 자신의 삶 속에서 하나님을 사랑하고 경외하는 모습을 몸소 보여 주어야 한다. 그래야 자녀에게 사도 바울이 그랬던 것처럼 나를 본받으라고 말할 수 있다.

그런데 이 땅의 수많은 자녀들을 보며 안타까운 마음을 갖게 된다. 그들을 가르치고 훈계할 아버지가 없다. 아버지가 있기는 하지만 일 때문에, 바쁜 세상살이에, 심지어는 하나님의 사역 때문에 너무 바빠서 아이에게 자신의 삶을 보여 줄 틈이 없다. 그래서 자녀는 마치 아비 잃은 고아처럼 살아간다.

자녀에게 관심을 갖기에는 아버지의 마음이 이미 너무 분주하고 다른 것들로 채워져 있다. 따라서 아버지의 영향력이 갈수록 줄어들고 있다. 주의 교훈과 훈계로 자녀를 양육해야 할 책임이 있는 아버지가 제 역할을 수행하지 못하면 자녀의 삶 속에서 하나님 아버지의 영향력 또한 현저하게 줄어들 수밖에 없다.

"보라 여호와의 크고 두려운 날이 이르기 전에 내가 선지자 엘리야를 너희에게 보내리니 그가 아버지의 마음을 자녀에게로 돌이키게 하고 자녀들의 마음을 그들의 아버지에게로 돌이키게 하리라 돌이키지 아

니하면 두렵건대 내가 와서 저주로 그 땅을 칠까 하
노라 하시니라"(말라기 4:5-6).

인간이 범죄하여 타락할 때마다 땅이 저주를 받았다.
아담이 범죄했을 때 땅이 저주를 받았고, 노아의 때에는
온 지면이, 롯의 때에 소돔과 고모라가 하나님의 진노 아
래 들어갔었다.

또 한 번의 저주가 올 수도 있다고 하나님께서 경고하
신다. 어떤 죄악 때문에? 바로 아버지의 마음이 자녀에게
로, 자녀의 마음이 아버지에게로 돌이키지 않는 관계의
죄악 때문에 그런 두려운 일이 벌어질 수도 있다.

지금 남자들에게 그 어떤 일보다 그 어떤 사역보다 더
중요한 것이 있다면 바로 하나님의 사랑으로 가정이 회복
되고 가족 안에서 관계가 회복되는 것이다. 자녀의 마음
이 아버지의 사랑으로 가득 채워져야 한다.

자녀에게는 '나를 본받는 자가 되라'고 자신 있게 말해
줄 수 있는 아버지가 필요하다. 정보와 지식을 전수해 주
는 교사가 아니라 삶에서 하나님을 경외하고 사람을 사랑
하는 모습을 보여 주는 아버지가 필요하다.

자녀의 눈에는 부모의 모습이 투영된다. 거룩한 세대로

자라나는 자녀의 눈에서는 하나님을 전심으로 사랑하고 경외하는 부모를 찾아볼 수 있다.

언젠가 이런 신문 기사 제목을 읽은 적이 있다.

〈한국 가정은 애정 공동체가 아닌 대입 프로젝트 공동체〉(경향신문 2012년 1월 2일자).

가정의 본질을 잃어버린 듯해서 안타깝다. 그나마 한 줄기 소망을 발견한 것은 가정이 애정 공동체여야 한다는 기본 전제가 아직 살아있다는 것이다.

그렇다! 가정은 애정 공동체여야 한다. 세상 그 무엇으로도 살 수 없는 사랑으로 묶인 가족, 전심으로 하나님을 사랑하고 경외하는 공동체로서의 가정이 필요하다.

무엇보다도 남자가 왕으로서 그리고 가정의 제사장으로의 자기 정체성을 깨닫고 굳게 서서 믿음의 본을 보일 때 가정 안에 하나님의 질서가 세워지게 된다.

이 땅의 아버지들은 자녀에게 하나님 아버지를 드러내야 할 놀라운 사명이 있다. 하나님께서 자녀들을 얼마나 사랑하는지 이 땅의 아버지들을 통해 표현하고자 하신다. 하나님께서는 이 땅의 아버지들의 교훈과 훈계로 당신의 자녀들을 양육하고 싶어하신다. '아버지'라는 이름을 가진 사람들이 누리는 고귀한 사명이다.

해독, 칭찬이 독이다

미국 전역을 다니면서 한국계 미국인(Korean American)을 향한 하나님의 꿈을 전하는 메신저로 10여 년을 사역한 남편은 2008년 가을에는 4개월의 글로벌 기도 여행을 떠났다. 하나님이 자신의 독생자를 내어 주시기까지 사랑하신 그 세상을 보아야겠다는 뜨거운 열정으로 빈손으로 기도 여행을 떠난 남편은 시야를 미국에서 온 열방으로 넓히고 돌아왔다. 이제 그는 하나님과 함께 온 열방을 품게 된 것이다.

4개월의 기도 여행 이후 그는 다시 삶의 자리로 돌아와 미시간 대학에서 강의를 했다. 그가 시작하였던 GSP(Global Scholars Program)를 완성시켜 그 프로그램이 이제 정상적으로 시작될 즈음에 그는 온 열방을 향한 하나님의 마음을 더 알기 소원했다.

"사람들이 만국의 영광과 존귀를 가지고 그리로 들어가겠고"(요한계시록 21:26).

각 민족마다 참으로 존귀하게 창조되었고, 그들 하나하나가 드러낼 하나님의 영광이 있다. 그들이 모두 모여 하나님의 온전한 영광을 드러낼 것을 상상하면 가슴이 벅차 올랐다.

그래서 그는 이제 미시간 대학에서 하던 일과 미국에서 하던 사역도 잠시 내려놓고 2009년 가을부터는 열방의 여러 민족들을 다니기로 결단했다.

다니엘은 세계 곳곳을 다니면서 집으로 소식을 전해 왔고, 우리는 공간을 초월하여 이야기를 나누며 민족들의 회복을 위해 함께 기도했다.

모든 것을 내려놓고 열방을 다니는 그를 보며 의아해 하며 고개를 가로젓는 사람도 있고, 부러워하는 사람도 있다. 한 가정의 가장이 직장을 내려놓는 것이 결코 쉬운 일은 아니다. 게다가 미국 내에서 하고 있던 사역을 잠시 내려놓는 것은 더더욱 쉬운 일이 아니었다. 남다른 삶을 사는 그를 보고 사람들은 마음에서 우러나오는 칭찬을 해 주곤 했다. 하나님을 향한 그의 뜨거운 열정 때문에, 누구를 만나도 상대방을 세워 주고 편안하게 해주는 그의 성품 때문에, 하나님이 주신 그가 지닌 은사 때문에… 사람들은 남편을 칭찬했다.

2011년 새해가 시작되었다. 스케줄 상 그는 첫 달의 거의 대부분을 해외에서 보내야 했다. 그가 가야 할 곳, 만나야 할 사람들 그리고 해야 할 일들을 놓고 함께 기도했다.

떠나는 날 이른 새벽 남편을 축복하기 위해 기도하는데, 마음속에서 나의 생각과는 다른 무언가가 밀려오는 것을 느꼈다. 그것은 위로나 격려의 말이 아니었다.

"나의 영광을 취하지 말라!"

하나님의 말씀을 전하는 일을 감당하고 있는 남편에게 주시는 주님의 엄중한 경고의 말씀이었다. 하나님의 일을 하며 원하든 원치 않든 많은 사람들로부터 칭찬의 말을 듣던 그를 향한 성령님의 목소리였다.

그런데 아내로서 남편에게 쉽게 할 수 있는 말이 아니었다. 남편도 듣기에 좋은 소리가 아니었을 것이다. 그러나 온 마음을 다해 주님을 사랑하는 그는 겸손한 마음으로 나의 입을 통해 전해진 성령님의 음성을 받아들였다.

그 새벽에 다니엘은 눈물로 회개하며 다시 시작하기로 마음먹었다. 초심으로 돌아가기로 결단하였다.

그저 평범한 한국계 미국인으로서 하나님을 향한 열정으로 새벽마다 눈물로 기도하던 그때, 한국인들을 통하여 미국을 위대한 나라로 만들고, 더 나아가 세계 열방 가운데 축복의 통로로 사용하기를 원하시는 하나님의 꿈에 감격하던 그때, 혼자 고민하고 기도하며 연구한 한국계 미국인의 정체성에 대해 처음으로 뉴욕에서 발표하던 그때…. 뒤돌아보면 모든 것이 하나님의 은혜였다. 지금 이 자리까지 오게 하신 것이 모두 하나님의 도우심이었다. 그는 마음 깊숙한 곳으로부터 회개하였다. 그리고 10여 년 전 이름 없는 한 청년을 불러 주셨던 그때로, 그 순수하고 겸손했던 마음으로 되돌아가리라 결단하였다.

그러나 진심으로 회개하고 결단하였으나 초심으로 돌아가는 게 그리 쉽지는 않았던 모양이다. 왜냐하면 그의 주위에는 칭찬하는 사람들이 이미 너무 많았다. 원하지 않았어도 자기도 모르게 칭찬의 영향을 받고 있었던 것이다.

2011년 5월이었다. 긴 여행을 끝내고 남편이 잠시 집에 돌아왔다. 그리고 며칠 후면 또다시 중국으로 떠날 예정이었다. 그 며칠이 남편에게는 여행에서의 피로를 풀고 아이들과 즐거운 시간을 보내는 휴식 시간이었다. 그래서 가능한 한 남편이 편히 지내도록 배려했다. 아이들도 그동안 아빠를 못 보았기에 아빠랑 즐겁게 시간을 보내도록 노력했다.

그런데 내 심령이 영 편치 않았다. 그가 내일이면 중국으로 떠날 텐데도 불구하고 마음속의 불편함은 좀처럼 없어지지 않았다. 가정의 고요한 평화를 깨고 싶지 않았지만 그냥 지나갈 수 없을 것 같았다. 그래서 남편에게 그가 받는 '칭찬'에 대해 이야기를 꺼냈다.

"모든 사람이 너희를 칭찬하면 화가 있도다 그들의 조상들이 거짓 선지자들에게 이와 같이 하였느니라"(누가복음 6:26).

지난 1월 어느 새벽, 다니엘은 진심으로 회개하고 초심으로 돌아가리라 결단하였지만, 그 결단이 한 번으로 끝나는 게 아니라 끊임없이 반복되어야 함을 성령님이 말씀하시고자 하는 것 같았다. 그러나 그날 그는 성령님의 음성에 귀 기울이기에는 너무 지쳐 있었던 것 같다. 다음날 그는 여행가방을 꾸려 중국으로 떠났다.

그렇게 남편을 중국으로 떠나보낸 후 7월 초에 한국에서 남편을 다시 만났다. 우리 가족의 열방을 향한 기도 여행이 시작된 것이다. 우리는 한국에서의 시간을 마치고 9월 말에 이스라엘로 향했다.

이스라엘에 도착하여 보름쯤 지날 때였다. 아이들은 나름대로 새로운 곳을 탐험하는 재미에 빠져 있었다. 특히 최준 박사의 가족과 한 집에서 사는 것을 재미있어했다.

우리는 아이들이 가고 싶어 하는 곳을 방문하기도 하고, 마침 이스라엘의 절기를 맞아 여러 나라에서 모인 사람들과 교제하며 시간을 보냈다.

그런데 남편의 모습이 이전과 같지 않음을 느끼기 시작하였다. 그는 어디를 가든 누구를 만나든 늘 즐거운 사람이다. 즐겁지 않은 상황도 그가 있으면 즐거워질 정도다. 그런데 딱히 이유도 없는데 어느 때부턴가 무언가 불편한 기색이 느껴지기 시작했다. 남편의 그런 모습이 너무 생소하게 느껴졌다.

햇빛이 화사한 아침, 거실에 앉아 차를 마시는데 남편의 모습이 밝지 않았다. 그의 얼굴을 바라보고 있자니 불현듯 지난 5월 남편이 중국으로 떠나기 전 그와 나누었던 대화가 생각났다. 그때 마치지 못한 대화를 다시 시작해야 함을 느꼈다. 그래서 나는 조심스럽게 말을 꺼냈다.

우리는 밖으로 나와 아파트 뒤에 있는 나무 그늘 아래 벤치에 앉았다. 마침 샤밧(안식일)이라 길에는 차도 거의 없고 인기척도 드물어 조용했다. 조금 전 아파트에서 하던 이야기를 계속해 보라고 말하는 남편의 억양을 들으니 조금 화가 난 듯했다. 어떻게 말을 꺼내야 할까?

'겸손'에 대해 말한다는 것이 쉽지 않았다. 왜냐하면 나

또한 그 주제와 무관할 수 없는 나약한 존재이기 때문이다. 이 세상에서 '이 정도 겸손하면 되었지'라고 안심할 수 있는 사람이 어디 있는가?

내가 하나님 앞에서 누구보다 더 겸손해서 그런 말을 하는 것이 아니었다. 그저 나에게 주신 성령님의 마음을 나누는 것뿐이었다. 눈을 감고 나의 말을 들을 준비를 하고 있는 그에게 나 또한 하늘을 쳐다보며 내 마음속에 있는 것을 다 털어놓기 시작했다.

눈을 감고 묵묵히 내 말을 다 들은 그는 동의할 수 없는지 무언가 불편한 표정이었다. 여전히 눈을 감은 채로 이해가 잘 안 되니 다시 한 번 더 설명해 달라고 했다. 성령님이 주신 생각들을 아주 또박또박 설명하고 있는데 그의 표정이 점점 변하기 시작했다. 내가 말을 다 끝내기도 전에 그의 눈에서 굵은 눈물이 흘러내렸다.

"네가 사람의 칭송에 취해 있구나.(You are intoxicated by praises of men)"

그는 그날 하나님의 엄중한 음성을 들었다. 2000년부터 말씀을 전하며 사역을 해 온 이후 처음으로 들은 엄한 경고였다. 하나님의 은혜 때문에 그분이 주신 은사로 사역을 하는데도 불구하고, 자기도 모르게 그 열매를 '사람들의 칭송'이라는 형태로 먹고 있었던 자신의 모습을 직면했던 것이다. 그는 마치 짙은 어둠, 마치 칼로 자르면 자를 수 있을 것 같은 그런 짙은 어둠 속에 갇히는 느낌을 받았다.

그는 며칠 동안 죽음과 같은 어둠 속에 빠져 있는 듯했다. 그 어둠 속에서 그는 자기의 영혼을 취하게 했던 '사람들의 칭송'이라는 독으로부터 자신을 해독시키고 있었다. 자기도 모르게 취해 있던 독으로부터 정신을 차리고 나오려 하자 마치 마약 중독자가 마약을 끊을 때 느끼는 그런 고통을 느꼈다.

쉽지 않았지만 그는 다시 초심으로 돌아가려고 몸부림쳤다. 하나님께서 그를 당신의 꿈을 전하는 메신저로 처음 부르셨던 그때, 이름도 없는 평범한 사람을 부르셨던 그때의 순수한 마음으로 다시 돌아가려고 애썼다. 그래서 그는 '해독'이라는 어두운 터널을 지나고 있었다.

사람들이 하는 칭찬에는 파워가 있다. 격려하는 좋은 말을 통하여 실의에 빠진 영혼들이 힘을 얻는다. 한 마디의 칭찬으로 절망에 빠진 영혼을 살릴 수도 있다. 소망을 잃고 삶을 포기하려는 영혼이 능력을 얻고 다시 일어나게도 하는 것이 칭찬이다. 그래서 우리는 입술의 권세를 사용하여 영혼을 세우고 살리며 힘을 주는 일을 해야 한다.

그런데 그렇게 선하게 사용되어야 할 칭찬이 때로는 우리의 영혼을 취하게 하는 독약이 되기도 한다. 하나님은 자녀들을 통하여 찬송 받기 원하신다. 그래서 우리가 하나님의 이름을 위하여 무언가 할 때 힘도 주시고 능력도 주시고 지혜도 주신다. 사람들은 그것을 통하여 하나님을 찬양한다. 사람이 찬양 받기 위함이 아니다.

그런데 우리는 하나님을 찬양하면서 어떤 때는 자신도 모르게 사람에게 박수를 보내기도 한다. 하나님을 찬양하는 것과 사람을 칭찬하는 것의 경계가 그리 쉽게 구별되지 않는다. 사람의 칭찬과 박수를 받을 때 그것이 온전히 하나님께 가야 한다는 것을 알면서도 때로는 자신도 모르게 하나님의 영광을 대신 가로채는 경우가 생긴다.

예수님은 하나님의 독생자로서 하늘과 땅의 모든 권세를 이미 가진 분이지만, 그분은 가진 것을 모두 뒤에 놓고 가장 약하고 가장 작은 자의 모습으로 이 세상에 오셨다.

갓 태어난 그분을 모신 곳은 베들레헴 마구간의 구유였다. 그는 나사렛 동네에서 평범한 목수의 아들로 어린 시절을 보내셨다. 드디어 때가 되어 공생애를 시작하셨을 때, 그분은 죄인들과 함께 지냈고 이 땅에서는 머리 둘 곳도 없으셨다. 그리고 마지막에는 유대인이 가장 멸시하는 십자가에서 세상의 모든 죄를 지고 돌아가셨다.

그분의 순종을 통하여 온 세상의 죄를 구속하는 구원의 길이 우리에게 값없이 주어졌다. 그리고 이제 주님은 그분의 뒤를 따라 하나님의 위대한 역사에 참여하길 소원하는 이들을 예수 그리스도의 길로 초청하고 계신다.

"너희 안에 이 마음을 품으라 곧 그리스도 예수의 마음이니 그는 근본 하나님의 본체시나 하나님과 동등됨을 취할 것으로 여기지 아니하시고 오히려 자기를 비워 종의 형체를 가지사 사람들과 같이 되셨고 사람의 모양으로 나타나사 자기를 낮추시고 죽기까지 복종하셨으니 곧 십자가에 죽으심이라"(빌립보서 2:5-8).

하나님 아버지는 자녀를 사랑하시기에 겸손의 길로 우리를 인도하신다. 악이 가득한 세상 가운데 자신의 독생자를 어린양으로 보내신 하나님 아버지는 오늘도 그분을 아버지라 부르는 자녀들에게 독생자 어린양의 모습을 요구하신다. '하나님의 어린양'이 온 세상을 구원하실 아바 아버지의 지혜이기 때문이다.

힘겨운 해독의 시간을 보낸 후 남편은 날마다 주님 앞에 초심으로 돌아가리라 결단하고 있다.

"주님, 저는 무익한 자입니다.(I am nobody before you, Lord)"

순교를 꿈꾸는 아이

2011년 2월, 다니엘이 2주간의 중남미 기도 여행을 마치고 집에 돌아왔다. 남편이 현관문에 들어서자마자 큰딸 지원이가 너무나 기쁜 얼굴로 아빠에게 껑충 뛰어올라 안겼다. 아빠 품에 안긴 지원이가 다짜고짜 물었다.

"아빠, 내가 순교자가 되면 아빠는 기뻐 아니면 슬퍼?"

"기쁘기도 하고 슬프기도 할 것 같아. 그런데 그건 왜 물어?"

"성경에 보니까 순교자의 수가 정해져 있다고 하던데…. 나도 그 안에 들어가고 싶어. 그런데 다 채워지면 못 들어가잖아. 아빠가 날 위해 기도해 줄 수 있어?"

'딸아, 네가 순교가 뭔지 알기나 하니?'

옆에서 두 사람의 대화를 듣고 있던 나는 기가 차다는 표정으로 딸을 바라봤다. 그런데 나의 '어른스러운' 생각과는 달리 하나님께서는 딸의 순수한 마음을 기뻐하시는 것 같았다. 순교에 대해 재잘거리는 딸의 얼굴에 하나님의 기쁨이 가득했다. 하나님을 떠올리는 것만으로도 기쁜데 하나님이 기뻐하실 일에 대해 이야기하니 더 설렌다는 듯한 표정이었다. 나는 아직 이해하기 힘든 하늘의 기쁨을 딸은 마음껏 누리고 있는 것만 같다.

2011년 7월부터 온 가족이 글로벌 기도 여행을 시작했을 때 지원이는 단기 선교로 이라크를 다녀왔다가 혼자 미국으로 돌아가 학교에 다녔다. 그 바람에 다섯 식구가 아니라 네 식구만 먼저 여행을 시작해야 했다. 그 후 10월 말이 돼서야 이스라엘에서 비로소 온 식구가 만날 수 있었다.

이스라엘 비행장에서 딸을 맞이하는 순간 '온 가족과 함께'라고 하셨던 주님의 말씀이 떠올랐다. 하나님께서 '온 가족'이라고 하셨는데, 딸을 빼 놓고 부분적으로 순종했음을 뒤늦게 깨달았다. 딸이 와서 다섯 식구가 다 모이자 그제야 비로소 '온 가족'이 함께하는 여행이 시작되었다.

온 가족이 함께 여행을 다니려다 보니 자연스럽게 학교는 따로 다닐 수 없게 되었다. 아직 어린 크리스토퍼나 조셉과는 달리 지원이는 가끔씩 미국 학교 생각을 하는 것 같았다. 그럴 때마다 다니엘은 아이들에게 이렇게 말해 주곤 했다.

"온 세상이 놀이터란다.(The world is your playground)"

늘 뒷마당에서 놀던 두 아들에게 하던 말이다.

"이제 뒷마당이 놀이터가 아니라 온 세계가 너희 놀이터란다. 얘들아, 마음껏 뛰어 놀렴!"

학교를 그리워하는 딸에게는 "열방이 너의 교실이야(Nations are your classrooms)"라고 말해 주었다.

"딸아, 이제 네 교실은 학교 건물이 아니야. 발길이 닿는 모든 곳이 교실이란다. 많이 보고 많이 배우려무나!"

그러나 갑자기 광대한 놀이터와 엄청난 규모의 교실을 만나니 적응하는 데에 시간이 좀 걸리는 것 같았다. 하지만 아이들은 곧 새로운 환경에서 놀며 배우는 것에 익숙해지기 시작했다.

열여섯 살 소녀가 된 지원이는 어른들이 어떻게 지내느냐고 물으면 처음에는 어떻게 대답할지 몰라 머뭇거렸는데 언젠가부터 해맑게 웃으며 이렇게 말하기 시작했다.

"저는 고등학교 중퇴생이에요.(I am a highschool dropout)"

집으로 돌아오는 차 안에서 온 가족이 얼마나 웃었는지 모른다. 무슨 고등학교 중퇴생이 그렇게 행복해하는

지….

　이라크에 두 번째 단기 선교를 다녀온 후에 지원이는 앞으로 1~2년을 어떻게 공부하고 어떻게 행복하게 살 것인지 계획을 세웠다. 그런 딸의 모습을 보며 참으로 이들은 다른 세대, 새로운 세대라는 생각이 들었다.

　어른들은 상상할 수도 없는 것을 아무렇지도 않게 말하며 거리낌 없이 실행에 옮기는 아이들에게서 새로운 일을 행하시는 하나님의 강한 손길을 느낀다.

　가정에 흔들림이 없으면 어디서 어떻게 생활하든 아이들은 안정적으로 잘 자란다.

　킹덤 패밀리는 환경에 의해 만들어지는 것이 아니라 가족 안에 영적 질서가 서고 하나님이 주시는 기쁨이 가득할 때 비로소 세워지는 것이다. 킹덤 패밀리 안에서 크는 아이들은 세상 어느 궁전에서 크는 아이들보다 훨씬 견고하며 건강하다.

　'지원아, 하나님이 지으신 온 세상을 품으렴. 세상을 마음껏 섬기렴. 너는 킹덤 패밀리란다!'

한국 아줌마에게 불가능이란 없다

2007년 여름, 우리 가족은 몽골로 단기 선교를 떠났다. 우리 가족뿐만 아니라 미시간에서 이웃사촌으로 살던 한 자매도 가족과 함께 몽골로 가게 되었다. 양쪽 집 아빠들은 몽골의 울란바토르에서 일주일 정도 섬기다가 돌아갔고, 두 엄마와 다섯 아이들만 남았다. 이렇게 일곱 명과 몇 명의 대학생들이 힘을 합하여 수도인 울란바토르에서 멀리 떨어진 마을에 들어가 일주일간 여름 성경 학교를 섬겼다.

우리가 가는 지역은 고비사막 가운데 있는, 하루 종일 기차를 타고 달려야 갈 수 있는 곳이었다. 가도 가도 끝없는 모래사막을 지나 마을에 도착한 것은 깜깜한 밤. 잠깐 잠을 자고 새벽녘에 일어나 밖에 나가 보니, 와우! 눈에 보이는 거라곤 온통 하얀 모래뿐이었다. 어쩌면 풀 한 포기 눈에 띄지 않을까?

미국에서부터 준비해 간 자료들을 이용하여 그곳에서 여름 성경 학교를 열었다. 미국에 있을 때 여름만 되면 수도 없이 섬겼던 아주 익숙한 프로그램이었지만 고비사막 가운데 있는 마을에서 하는 것은 전혀 이야기가 달랐다. 물이나 전기가 제대로 공급되지 않는 곳인 데다가 전혀 예상할 수 없는 상황들이 생겨서 우리가 준비한 것과 상관없는 일이 벌어지기도 했다. 어린이를 위한 프로그램인데 동네 할머니 할아버지들, 아줌마 아저씨들까지 모두 와서 참여하기도 했다.

'앗! 이게 아닌데….'

예상을 비껴가는 일이 발생할 때마다 총책임을 맡은 자매가 비장한 각오로 외치곤 했다.

"음… 한국 아줌마에게 불가능이란 없다!"

정말 고비사막의 한 마을에서 가졌던 그해 여름 성경 학교는 한국 아줌마이기에 감당할 수 있었다. 어려운 상황을 믿음으로 이겨 내느라 진담 반 농담 반으로 한 이야기지만, 정말 그 외침이 사실인 경우가 얼마나 많았는지 모른다. 그런데 그 외침은 고비사막에서만 필요한 것이 아니다. 삶을 살아 내야 하는 현실의 상황에 처할 때 내가 아줌마라는 사실이 많은 일들을 가능하게 만들어 주곤 했다. 아무래도 한국 아줌마에게는 뭔가 특별한 기름 부으심이 있나 보다.

고비사막에서의 일주일을 마치고 울란바토르로 돌아오는 밤 기차 안에서 다시 한 번 한국 아줌마의 위대함을 묵상하고 있었다.

2008년 12월, 엄마의 죽음을 겪으며 평범한 한국 아줌마, 집에서 살림만 하는 가정주부에 대한 나의 인간적 편견은 산산조각났다. 이 세상에서 별 인정도 못 받고 눈에 보이는 보상도 없는 것 같은 가정주부라는 자리. 그러나 하나님께서 모두 보고 계시고 인정해 주신다는 것을 깨닫고 나서야 비로소 그 자리의 귀중함을 느끼게 되었다. 세상이 주목하지 않는 자리지만, 빛도 없이 이름도 없이 생명을 낳고 섬기며 자신을 희생하는 그들은 하나님의 눈에 참으로 귀한 사람들이다.

아줌마들의 소중함을 일찍이 알고 그들을 구경꾼이 아니라 하나님의 역사 한가운데 두고 일하셨던 분이 바로 하나님이시다. 한 평범한 아줌마를 통하여 어떤 일을 이루길 원하시는지 하나님은 대대로 오는 세대에 알려 주고 싶으신 것 같다.

젖과 꿀이 흐르는 가나안 땅에 들어온 이스라엘 백성이 하나님을 버리고 이방 신들을 섬기기 시작하자 하나님은 그들을 대적의 손에 붙이셨다. 대적의 횡포로 고통하는 백성이 부르짖을 때마다 하나님은 사사들을 세워 그들을 대적의 손에서 구해 내셨다.

사사기 4장에는 이스라엘 백성이 가나안 왕 야빈의 손

에서 고통 당할 때의 상황을 이야기하고 있다. 야빈 왕은 900대의 철병거라는 어마어마한 군사력을 가지고 이스라엘을 20년 동안 학대했다. 가나안의 학대로 인해 이스라엘이 부르짖을 때 하나님은 랍비돗의 아내 여선지자 드보라를 사사로 부르셨다. 그리고 드보라는 바락을 세워 가나안과 전쟁을 치르게 했다.

바락은 1만 명의 군대를 이끌고 가나안의 군대 장관 시스라와 결전을 하게 되었다. 바락의 기세 앞에 시스라의 온 군대가 엎드러져 한 사람도 남지 않는 큰 승리를 거두었다. 이때 군대 장관 시스라는 걸어서 도망하여 겐 사람 헤벨의 아내 야엘의 장막에 이르렀다. 시스라는 겐 사람 헤벨의 집이 자신의 편이라고 생각했었나 보다. 야엘에게 도움을 구하고 나서는 긴장이 풀렸는지 깊은 잠에 빠졌다. 이때 야엘이 장막의 말뚝을 뽑아 시스라의 관자놀이에 박아 그를 죽였다.

"그러나 네가 이번에 가는 길에서는 영광을 얻지 못하리니 이는 여호와께서 시스라를 여인의 손에 파실 것임이니라"(사사기 4:9).

적의 군대 장관 시스라를 죽인 사람은 온 이스라엘을 이끌던 사사 드보라도 아니었고, 1만 명의 군대를 통솔하던 바락 장군도 아니었다. 그저 장막에 거하는 평범한 한 여인의 손에 적장의 운명이 맡겨졌다.

그녀는 장막에 거하며 남편을 섬기는 그런 평범한 가정주부였다. 세상 돌아가는 것보다는 아마 가정사에 더 바빴을 여인이다. 이 여인은 세상에서 별로 중요한 사람으로 여겨지지 않았을 뿐 아니라 적들조차도 이 여인을 주목하지 않았다. 감히 적장을 해하리라고는 상상도 하지 못한 것 같다. 그랬기에 적장 시스라는 야엘의 장막에서 편안하게 깊은 잠을 잘 수 있었던 것이다.

그런데 도대체 평범한 가정주부로 장막에 거했던 여인에게 무슨 일이 생긴 것일까? 그녀는 자기의 장막에 몸을 피하러 들어온 적장을 혼자 처치하고 말았다. 그 덕분에 마침내 이스라엘 백성은 가나안의 손에서 놓임을 받게 된다. 이로 인해 많은 이스라엘 백성이 복을 받았는데 야엘뿐 아니라 장막에 거하는 다른 여인들도 복을 받게 되었다. 야엘은 그 중 가장 큰 축복을 받았다.

"겐 사람 헤벨의 아내 야엘은 다른 여인들보다 복을

받을 것이니 장막에 있는 여인들보다 더욱 복을 받을
것이로다"(사사기 5:24).

하나님은 어떤 사람이든 당신의 마음에 합한 자를 들
어 사용하신다. 약속의 땅에서 이스라엘 백성을 끊임없이
괴롭히던 대적을 무찌르는 결정적인 순간을 평범한 가정
주부였던 '겐 사람 헤벨의 아내 야엘'에게 맡기신 하나님
은 오늘도 동일한 일을 하실 수 있는 분이다.

고작 장막 안이 삶의 주된 관심사였을 한 여인, 하나님
은 그녀의 손을 이용하여 승리의 결정적인 순간을 장식하
게 하셨다. 1만 명의 군대를 이끌던 바락 장군도 이 영광
스러운 순간에 참여할 수 없었다. 하나님은 그저 평범한
여인, 세상이 별로 알아주지 않고 적군조차도 주목하지
않던 여인을 통하여 승리를 계획하신 것이다.

남편과 자녀들을 섬기느라 자신을 드려 가며 그저 아
줌마로 살아가고 있는 많은 여인들, 이름도 빛도 없을지
라도 교회를 섬길 수 있다는 것으로 기뻐하는 허다한 한
국 교회의 아줌마들, 그들은 바로 하나님의 비밀 병기다.

'남편은 가족을 위해 돈 버느라 열심히 일하고 있을 텐
데…'

'아줌마인 내가 뭘 할 수 있다고…'

이름도 없는 아줌마의 손에 의해 적장의 목을 치신 하나님의 역사는 그때 끝난 것이 아니다. 그렇다. 한국 아줌마에게 불가능이란 없다! 하나님의 나라를 위하여 자신을 내던지며 불태우는 아줌마들로 인해 하나님의 나라는 놀랍게 확장되어 가고 있다. 이들이 어쩌면 마지막 승리를 장식할지도 모른다는 생각을 해 본다.

소녀의 심장에 심겨진 킹덤의 씨앗

2012년 3월 말, 다니엘이 하와이 코나에 있는 열방대학에 강의를 하러 떠났다. 그해 처음으로 개설된 의료인제자훈련학교(Medical DTS)의 3개월 코스 중 마지막 한 주 강의를 맡은 것이다.

파워포인트(Power Point : 프레젠테이션용 프로그램)로 강의록을 정리한 남편이 정작 떠날 때는 빈손으로 떠났다. 사용하던 컴퓨터가 필요한 기능을 잘 수행하지 못한다면서 큰딸 지원이에게 물려주고 가끔씩 내 노트북을 빌려서 쓰곤 했는데 하와이에 가져가지 않은 것이다.

'강의할 때 분명히 필요할 텐데…'

괜찮으니 내 노트북을 가져가라고 했는데도 남편은 굳이 사양하고 빈손으로 갔다. 그런데 하와이에서 돌아올 때는 빈손이 아니었다. 그의 가방 안에는 한 대의 노트북과 두 대의 아이패드가 들어 있었다.

하나는 지인이 남편에게 선물한 노트북이었다. 이미 몇 달 전에 준비해 두었다가 이번에 선물한 것이라고 했다. 나머지 두 대는 아이패드였는데 하나는 최신형 아이패드로 남편이 나를 위해서 구입한 것이었다. 그렇지 않아도 갖고 싶었던 물건인데 뜻하지 않게 남편에게 선물 받으니 기쁘기도 하고 뭉클해지기까지 했다. 그리고 또 하나의 아이패드가 있었다.

다니엘이 아이패드를 열더니 그 안에 담긴 편지를 화면에 띄워 주었다.

"당신, 이거 한번 읽어 볼래?"

'Daniel(다니엘)'로 시작하는 영문 편지였다.

다니엘 선생님께,
미시간에서 선생님을 만나고 정확하게 1년이 지나서
다시 만나게 되었네요. 이 모든 게 우연이 아니라는 걸
압니다. 미시간에서의 시간들을 생생하게 기억하고 있

어요. 내가 거절하고 거부하기까지 했는데도 하나님께서는 은혜와 사랑을 퍼부어 주셨지요. 지금 생각해도 놀라울 뿐입니다.

킹크랩 식당에서 선생님을 처음 만났을 때 속으로 생각했어요.

'젠장, 엄마 아빠가 이번엔 또 어떤 정신 나간 사람을 데려온 거야!'

난 내가 그 자리에 있다는 사실만으로도 화가 났어요. 아마 선생님도 눈치 채셨을 테죠? 그 다음에는 선생님 댁에서 가족과 한 자리에 앉아 이야기를 나누었죠.

그때 나는 집안이 온통 사랑으로 가득 차 있는 것을 봤어요. 지난 4년 동안 누려보지 못했던 평강이 그곳에 있었지요. 선생님 댁에요.

함께 근처 마트에 나들이 갔을 때, 선생님이 아이들과 있는 모습을 보고 무척 놀랐어요. 그전에는 한 번도 본 적이 없는 아빠와 아들의 관계였거든요. 선생님은 매우 자상하고 친절한 아빠였어요. 아이들이 실수했을 때도 야단치거나 윽박지르지 않았어요. 대신에 더 좋은 행동을 보여 주셨죠. 스스로 모범이 되신 거예요.

나도 나중에 크면 선생님 같은 어른이 돼야겠다고 생각

했어요. 선생님의 작은 행동, 말 한 마디가 내게는 큰 의미를 주었어요. 선생님의 두 아들, 크리스토퍼와 조셉이 선물을 사러 가게에 들어갔는데 형이 돈이 모자란다고 하자 동생이 자기 용돈에서 20달러를 꺼내 형에게 주었지요. 그러자 선생님이 그러셨잖아요.

"많이 베풀수록 축복을 더 많이 받는 법이란다."

그때 그 말씀이 잊히지 않아요. '주님을 위해 더 많이 포기할수록 주님이 내 인생길을 더 많이 축복해 주시겠구나' 하는 생각이 들었거든요.

또 서울에서 선생님 가족과 함께 어느 식당에 갔을 때 크리스토퍼와 조셉이 뾰로통한 얼굴로 식당이 마음에 안 든다고 말하자 선생님이 그러셨어요.

"늘 감사할 줄 알아야 해. 싫다는 말은 하는 거 아니야. 싫다고 하지 말고 다른 것을 더 좋아한다고 말하렴."

아, 정말…. 그때 이후로 내가 이 말을 얼마나 많이 인용하는지 모르시죠?

선생님께 이 아이패드를 선물로 드려요. 열방을 다니며 주님의 사역을 하시는 데 도움이 될 것 같아서요. 나는 아직 그 정도로 필요하지는 않아요. 엄마가 열여덟 살 생일 선물로 무엇을 원하느냐고 물었을 때 바로 "아이패드!"라고 대답했었어요. 솔직히 아이패드로 후르츠 닌자 (Fruit Ninja) 게임을 하면 재미있겠다고 생각했거든요.

그런데 며칠 전에 기도를 하다가 너무도 분명한 주님의 음성을 들었어요. 이것을 선생님께 드리라고 하셨는데 얼마나 기쁜지 몰라요. 사실 그동안 선생님이 내게 베풀어 주신 친절에 어떻게 감사 인사를 해야 할까 고민하고 있었거든요. 이것으로 충분하지 않다는 거 잘 알아요. 하지만 주님께서 내게 그러셨어요.

"네가 오랫동안 갖고 싶어 했던 것을 포기하고 다니엘에게 선물할 수 있겠니?"

물론 저는 '예스'라고 대답하고 주님께 약속 드렸어요. 이걸 집으로 가져가세요. 가족과 함께 쓰실 수 있잖아요. 아마 조셉은 후르츠 닌자 게임을 무척 좋아할 거예요. 크리스토퍼와 지원이는 게임보다는 다른 걸 하겠죠. 공부 같은 거? 헤헤.

애슐리 아줌마에게도 사랑한다고 안부 인사 전해 주세요. 하나님이 창조하신 여성으로서의 아줌마를 존경해요! 아줌마에게서 본 '엄마 마음'은 내가 본 중에 가장 아름답고 강한 것이었어요. 주님께서 선생님의 가족을 뜻 가운데 독특하게 사용하실 것을 확신해요. 앞으로 더 많이 기도할게요. 많이많이 사랑하고 축복합니다.
하나님께서 머지않아 아주 멋진 일에 저를 불러 주시리
라 믿습니다. 제게 DTS는 그저 시작일 뿐이에요. 여기
까지 오는 데 꽤 오랜 시간이 걸렸지만 이 여정은 천국
갈 때까지 끝나지 않을 거예요.
이번 여름에 선생님 가족과 다시 만날 것을 기대해요.
그때까지 많이 보고 싶을 거예요. 계속 기도할게요.

편지의 주인공은 지난 2011년 3월쯤 우리가 살던 미시
간 집에 다녀간 적이 있는 소녀다.

다니엘이 평소에 친분이 있던 소녀의 부모와 통화를
하다가 놀라운 이야기를 들었다. 딸이 자살 시도를 했다
는 소식을 듣고 데리러 가는 중이라고 했다. 딸은 좋은 사
립고등학교를 다니다가 마약을 하여 재활원에 보내졌는
데 그곳에서 자살 시도를 했다고 한다. 재활원에서는 부
모에게 딸을 당장 병원으로 데려가라고 통보했다.

마침 남편이 정신과 중에서도 중독에 관해 연구했던
사람이라 급한 대로 전화상으로 이런저런 조언을 해 주었
다. 그리고 딸을 병원으로 데리고 가기 전에 먼저 꼭 우리

집부터 들르라고 말해 주었다. 우리는 믿음의 식구들에게 중보를 요청했다. 17세 어린 소녀를 위해 모두가 한마음으로 기도했다. 조지아에서 미시간까지 자동차로 약 12시간 거리인데, 소녀의 가족은 쉬면서 천천히 오느라 예정 시간보다 꽤 늦게 도착했다.

거실에 앉은 엄마, 아빠와 딸의 모습을 보면서 이들을 통해 하나님께서 무엇을 하기 원하시는지 궁금해졌다. 아빠는 가장으로서의 책임감 때문인지 지친 모습이 역력했다. 엄마는 딸 옆에 앉아 머리를 쓰다듬기도 하고 어깨를 껴안기도 하며 안절부절못하고 있었다. 딸을 걱정하는 엄마의 마음이 애틋하게 느껴졌다. 그런데 사건의 장본인인 딸은 의외로 눈망울이 초롱초롱했다. 마약 중독이나 자살 시도와는 거리가 멀어 보였다. 오히려 두 눈에서 생기와 담대함이 느껴졌다.

다니엘이 그들과 대화를 나누기 시작했다. 소녀에게 학교생활은 어땠는지, 사람들과의 관계는 어땠는지, 어쩌다가 마약에 손을 대게 되었는지에 대해서 물었다. 소녀는 솔직하고 담대하게 자신의 상황과 생각들을 이야기하기 시작했다. 가끔씩 엄마의 눈치를 살피기도 했다.

소녀의 이야기에서 '박스'라는 낱말이 자주 등장했다.

"나는 박스에 들어가 살고 싶지 않아요. 집에서도 그렇고 학교에서도 그렇고 왜 모두들 나를 박스 속에 집어넣으려고 하는 거죠?"

17세 소녀가 마약을 시작한 이유는 학교 공부가 힘들어서도 아니고 나쁜 친구들 때문도 아니었다. 박스처럼 답답하게 느껴지는 일상 때문이었다. 세상이 원하는 대로, 학교에서 시키는 대로만 살면 평생을 박스 안에서만 살 것 같았다고 한다. 그게 답답하고 싫었던 것이다. 그러나 그 답답함에 저항하기는 어린 소녀의 힘에는 벅찬 일이었다. 그래서 답답한 마음을 표출하느라 마약을 하기 시작했다. 그러다 발각이 되어 재활원으로 보내졌는데 그곳은 또 다른 탄탄한 박스였다. 죽은 듯이 지내든지 아니면 어떻게 해서든 빠져나가야 하는데, 소녀는 빠져나가는 쪽을 선택했고 그 방법으로 자살을 시도했던 것이다.

자살이란 말만 들어도 가슴이 철렁하는 엄마에게 딸이 말했다.

"엄마, 나 진짜 죽으려고 그런 거 아니야! 재활원에서 나오기 위해서 그랬던 것뿐이라고."

그녀의 계획대로 재활원에서 나오기는 했다. 그런데 이번에는 병원으로 옮겨져 더 철저한 감시와 온갖 검사를 받아야만 했다.

남편은 소녀에게 앞으로 어떻게 할 것인지, 또 어떤 삶을 살고 싶은지 물었다. 두 사람은 한참 동안 진지하게 대화를 나눴다. 소녀는 어떤 꿈을 가졌으며, 어떤 사람이 되기를 원하는지, 앞으로 무엇을 하고 싶은지 꽤 구체적으로 또박또박 설명했다. 17세란 나이가 무색할 정도였다.

"너 진짜 멋있다. 정말 대단한 아이구나!"

나도 모르게 입에서 감탄이 터져 나왔다. 당시에 열네 살이었던 큰딸 지원이를 힐끔 쳐다봤다.

'우리 지원이도 17세가 되면 저렇게 똘똘하게 자기 생각을 표현할 수 있을까?'

소녀와 대화를 나눈 다니엘은 더 길게 얘기할 필요가 없다고 느꼈는지 아이들과 함께 쇼핑이나 가자고 나섰다. 함께 저녁 식사를 한 후에 각자 좋아하는 아이스크림을 잔뜩 사 가지고 와서는 아이스크림 파티를 했다.

이틀 뒤 소녀는 부모와 함께 병원으로 향했다. 아니나 다를까 오래지 않아 금방 퇴원했다. 그 후에 그녀는 여름 내내 중국을 여행했다. 한국에도 들러서 한국어 공부를 하기도 했다. 아직 주님을 인격적으로 만나지 못했던 소녀는 종교적인 것(Christian stuffs)에 대해 반신반의하는 마음이 있었지만 미시간에서 의논하여 결정한 대로 하와이 코나 열방대학 DTS에 참여하기로 했다.

2011년 겨울에 서울에서 소녀를 다시 만날 기회가 있었다. 총명한 눈망울은 더욱 또렷해졌고 미래에 대한 기대감으로 부풀어 있었다. 더 놀라운 것은 '북한'을 향한 하나님의 꿈으로 마음이 가득 차 있었다는 것이다. 통일 한국을 준비하는 데 자신이 쓰임받기를 소원한다고 고백했다.

"애슐리 아줌마, 나는 할 일이 있어요. 한국말을 더 잘할 수 있도록 노력할 거예요. 한국에 있는 대학교에 들어가 공부도 하고 통일 한국을 위해 쓰임받을 수 있도록 준비할 거예요. 남북한이 통일되는 거 정말 정말 중요해요."

소녀의 마음속에 흔들리지 않는 무언가가 있음을 느꼈다. 무엇보다도 아이의 내면에서 평강이 흘러나오고 있음이 분명했다. 자신이 누구인지, 어디에 있어야 하는지, 무엇을 해야 하는지를 발견했을 때 채워지는 평강이 아이에게서 흘러넘치고 있다는 것이었다.

소녀의 심장을 무엇으로 채울 수 있을까? 그 아이의 심장은 세상의 좋은 교육으로 채워지지 않았다. 많은 사람들이 정신없이 추구하는 아메리칸 드림으로도 채워지지 않았다. 17세 소녀의 심장에 하나님의 킹덤을 심어 주고 싶으셨나 보다. 하나님은 그렇게 어린 소녀와 우리 가족을 만나게 해 주셨다.

"하나님, 드디어 당신의 딸을 찾으셨군요."

영생의 축복

1994년 11월, 미국에서 공부하고 있던 나는 결혼식 준비를 위해 결혼식 일주일 전에 한국으로 왔다. 한국에 도착하자마자 모교회부터 방문했다.

결혼 예배 순서를 의논하러 담임목사이신 정근두 목사님을 찾아뵈었다. 목사님과 사모님이 기쁘게 맞아 주셨다. 목사님은 미리 준비해 놓은 결혼 예배 순서지를 내게 보여 주셨다. 순서지를 보는데 결혼 예배의 설교 본문이 눈에 띄었다.

"보라 형제가 연합하여 동거함이 어찌 그리 선하고 아름다운고 머리에 있는 보배로운 기름이 수염 곧 아론의 수염에 흘러서 그의 옷깃까지 내림 같고 헐몬의 이슬이 시온의 산들에 내림 같도다 거기서 여호와께서 복을 명령하셨나니 곧 영생이로다"(시편 133편).

결혼 예배에서 흔히 듣지 못한 말씀이었다.

이제야 돌이켜 생각하니 내 지난 결혼 생활이 "보라 형제가 연합하여 동거함이 어찌 그리 아름다운고!"를 몸소 살아 내기 위한 처절한 여정이었던 것을 깨닫는다.

결혼 초의 지옥과 같았던 시간들, 문제의 원인이 어디서부터 시작되었는지도 모른 채 계속되던 갈등 상황 때문에 얼마나 자주 '이제는 그만'이라고 생각했는지 모른다. 그럼에도 불구하고 우리 두 사람을 지켜 주었던 것은 남편의 흔들리지 않는 믿음이었다.

'이혼은 선택 사항이 아니다.(Divorce is not an option)'

누가 이런 어리석은 규칙을 만들었단 말인가. 그러나 그 어리석은 규칙이 우리 두 사람을 끝까지 붙들어 주었고, 그것은 놀라운 하나님의 지혜였다.

"사랑은 오래 참고… (사랑은) 모든 것을 견디느니라."

오래 참고 모든 것을 견디는 끝자락에 하나님께서는 부부의 진정한 사랑이 무엇인지 우리로 하여금 맛보게 하셨다.

그리고 지금은 하나된 가정 안에서 흘러나오는 복, 그

영생의 복을 조금씩 누리기 시작하였다.

영원한 생명은 그리스도 안에서 남편과 아내의 하나됨으로 시작된다. 그리스도 안에서 하나된 가정은 영생의 축복을 흘러가게 하는 근원이다. 그 축복은 넘치고 넘쳐 풍성하다.

전 세계적으로 가장 많은 선교사를 파송하며 민족들에게 그리스도를 전하고 있는 단체 중 하나인 예수전도단(Youth With A Mission)을 창설하신 로렌 커닝햄 목사님이 한국에 오셨을 때 이런 말씀을 나누셨다.

그분은 8대째 목회자 가정에서 태어났다. 친가뿐만 아니라 외가까지 모두 하나님을 온 맘으로 사랑하며 하나님의 나라를 위해 온 힘을 다하는 분들이셨다. 그래서 로렌 커닝햄 목사님에게는 하나님을 사랑하고 하나님을 위해 삶을 드리는 것이 전혀 새롭거나 낯설지 않았다.

어릴 때부터 그가 보고 살아 온 삶의 모습이 그랬다. 그리고 그도 하나님의 부르심으로 온 열방을 향한 사역을 아주 어린 나이에 시작하게 되었는데, 무언가를 대단히 희생하며 어려운 결정을 내려야 될 필요가 없었다. 왜냐하면 그에게는 그렇게 살아가는 것이 늘 보고 경험했던 아주 익숙한 삶이었기 때문이다. 그는 지금 하고 있는 사역들이 혼자의 힘으로 이루어진 것이 아니라 가정을 통하여 대대로 물려받은 축복임을 고백하였다.

그의 고백을 들으며 그것이 바로 킹덤 패밀리의 능력임을 다시 한 번 실감한다. 혼자가 아니라 함께 하나됨을 이룰 때 하나님의 나라가 견고해진다. 그리고 그 하나됨이 대대로 이어질 때 하나님의 나라는 마치 누룩이 가루서 말을 전부 부풀게 하는 것처럼(마 13:33) 능력 있게 확장되어 나간다.

12

당신을 통해 역사가 바뀐다

지금은 몇 시?

지금 우리가 살고 있는 시대는 하나님의 역사에서 어디쯤일까? 예수님이 이 땅에 오신 후 2천 년이 지나가고 있다. 주님이 부활 후 하늘에 올라가시기 전 제자들에게 말씀하셨다.

"오직 성령이 너희에게 임하시면 너희가 권능을 받고 예루살렘과 온 유대와 사마리아와 땅끝까지 이르러

내 증인이 되리라 하시니라"(사도행전 1:8).

그 말씀을 듣고 있던 제자들에게 '땅끝'은 과연 어디쯤이었을까? 땅끝까지 이르는 세상이 정말 어느 정도 크기인지 제대로 이해하기나 했을까?

지금 21세기를 사는 우리는 우리가 살고 있는 세상이 어느 정도 크기이며 그 땅끝이 어디까지 뻗어 나가는지 알 수 있다.

"이 천국 복음이 모든 민족에게 증언되기 위하여 온 세상에 전파되리니 그제야 끝이 오리라"(마태복음 24:14).

지금의 추세라면 2025년까지 세계 모든 언어로 성경 번역이 완료될 전망이라고 한다. 예측이기에 늘 변수가 따르기 마련이다. 여러 변수를 고려한다고 해도 성경 번역의 완료가 그리 멀지 않은 장래에 이루어질 것임을 예상할 수 있다.

모든 언어로 성경이 번역되고 나면 모든 민족의 언어로 복음이 증언될 수 있다. 그러고 나면 역사의 또 다른

장이 열릴 준비가 완료된다. 주님이 제자들에게 말씀하셨던 때가 2천 년의 세월을 지나 이제 우리의 삶 가운데 현실로 다가오고 있음을 느낀다.

땅끝에 살고 있는 모든 민족에게 킹덤 복음을 전하라는 예수님의 명령이 곧 실현되는 때에 우리는 살고 있다.

> "사람들이 너희에게 말하되 보라 그리스도가 광야에
> 있다 하여도 나가지 말고 보라 골방에 있다 하여도
> 믿지 말라 번개가 동편에서 나서 서편까지 번쩍임 같
> 이 인자의 임함도 그러하리라"(마태복음 24:26-27).

예수님이 하늘로 올라가신 후, 제자들 중에는 그들이 살아 있는 동안 주님이 오실 것을 기대하는 사람도 있었을 것이다. 그러나 예수님은 그들의 시대에 다시 오실 수가 없었다. 왜냐하면 그가 다시 오심을 온 세상이 알 수 없었기 때문이다. 마치 번개가 번쩍임같이 그가 이 땅에 다시 오심을 세상의 사람들이 동시에 알 수 있을 때 다시 오실 것임을 알려 주고 계신다. 지금은 우리는 지구 한쪽에서 일어나는 일을 지구 반대편에서 생생하게 알 수 있는 시대에 살고 있다. 놀라운 시대인 것이다.

완성되는 몸

"너희는 사도들과 선지자들의 터 위에 세우심을 입은 자라 그리스도 예수께서 친히 모퉁잇돌이 되셨느니라 그의 안에서 건물마다 서로 연결하여 주 안에서 성전이 되어가고 너희도 성령 안에서 하나님이 거하실 처소가 되기 위하여 그리스도 예수 안에서 함께 지어져 가느니라"(에베소서 2:20-22).

'가족이 함께 열방을'이라는 주님의 음성에 순종하여 2011년 7월 미국의 집을 떠난 지 어느덧 1년 반이 넘어가고 있다. 처음의 몇 달을 제외하고는 우리가 예측할 수 없는 일들이 여정의 곳곳에 가득했다.

미국에서 살던 집을 주님이 직접 정리하며 가족이 거하는 '홈'이 무엇인지 새롭게 알려 주셨다.

미국에 잠시 몇 개월 혼자 남겨 두려고 했던 딸을 우리의 계획보다 일찍, 그러나 하나님의 계획보다 몇 달 늦게 오게 하심으로 마침내 온 가족이 함께하는 온전한 여행이 시작되었다.

예상치도 않게 한국에 머무르고 있는 것은 하나님의

특별한 인도하심이다.

이스라엘에서 돌아온 2011년 11월부터 하나님은 친히 준비하신 곳으로 우리 가족을 인도하시는 것 같았다. 때로는 충남 시골의 조용한 마을에 있는 기도의 집으로 인도하셔서 조용히 한국의 역사를 묵상하며 기도하게 하셨다. 또 어떤 때는 서해안의 섬에서 몇 달을 머물며 남북한의 하나됨을 향한 하나님의 마음을 품게도 하셨다. 이 모든 것이 우리의 지혜가 아닌 전적으로 하나님의 인도하심이었음을 고백한다.

지난 1년 반 남짓한 세월 동안 하나님은 나의 삶에 많은 것을 행하셨다. 무엇보다도 하나님께 두 가지의 큰 제목을 놓고 감사하게 되었다. 그 중 하나는, 하나님께서 나를 한국인으로 태어나게 하셨다는 것이 참으로 감사하다.

한국인으로 태어난 것은 나의 선택이 아니었다. 전적인 하나님의 주권이었다. 내가 한국인임을 자랑스럽게 느낀 적도 있는 반면 한국 사람으로 살아야 하는 무게 때문에 불평을 한 적도 있다. 그런데 주권적인 하나님의 선택에 대해 이리도 감사한 것은 아마 처음인 듯하다. 그 많은 선택의 여지가 있었을 텐데, 하나님은 나를 한국인으로 태어나게 하셨구나! 더구나 21세기를 살고 있는 한국인이

어서 더더욱 감사했다.

5천 년의 역사 동안 늘 외적에게 당하고 빼앗기며 약하고 겸손한 모습으로 이 민족을 빚어 가신 하나님은 이제 새로운 일을 하기 원하시는 것 같다.

"그 작은 자가 천 명을 이루겠고 그 약한 자가 강국을 이룰 것이라 때가 되면 나 여호와가 속히 이루리라" (이사야 60:22).

그 작고 약한 자를 통해 놀라운 일을 이루시는 하나님은 작고 약한 자의 모습으로 5천 년을 지내 온 한국을 20세기 말에 들어 사용하셔서 이제 하나님의 위대한 일에 도구로 사용하길 원하신다. 그 부르심을 받은 민족, 한국은 두 개의 민족이 아니라 하나의 민족이다.

남편은 지난 1년 반 동안 북한에 다녀오는 기회가 두 번 있었다. 2011년 가을에 처음 북한에 발을 디디게 되었고, 2012년 봄에 또 한 번 다녀왔다. 두 번 모두 북미주에 있는 한인 디아스포라들과 외국인들과 함께였다. 거의 40년을 미국에서 생활한 교포에게는 남한의 모습도 아직 생소한 것이 많은데 북한의 모습은 더더욱 낯설었다. 그는 여행하는 동안 무엇보다도 남과 북을 한 민족으로 부르신 하나님의 마음을 느끼고 돌아왔다. 그러면서 그는 몇 년 전 그에게 주셨던 하나님의 말씀을 기억해 냈다.

2008년 가을 즈음, 하나님은 한국을 바라보시는 당신의 마음을 남편에게 알려 주셨다.

'한 민족, 세 개의 나라(One Korea, Three Nations).'
북한은 순교의 나라.
남한은 순종의 나라.
한인 디아스포라는 순결의 나라.

정말 지금의 한국 모습을 잘 표현해 주신 것 같다. 이들이 본래 하나임을 우리에게 알려 주시려나 보다. 하나로 만드신 것이 나뉘는 것을 하나님은 기뻐하시지 않는다. 하나됨을 지켜 나가는 것을 기뻐하신다.

"혼자 싸우면 지지만 둘이 힘을 합하면 적에게 맞설 수 있다. 세 겹 줄은 쉽게 끊어지지 않는다"(전도서 4:12, 새번역).

한국에 꼭 맞는 표현이라는 생각이 든다. 혼자서 할 수 없는 것을 둘이 할 수 있고, 둘이 할 수 없는 것은 셋이 함께 연합할 때 이룰 수 있다. 삼겹줄 민족 코리아!

휴전선이 사라진 통일 한국과 178개 국에 흩어진 7백만에 이르는 한인 다이스포라는 온 열방을 축복하기 위해 준비해 놓으신 위대한 하나님의 계획이다.

오랫동안 나뉘었던 민족이 하나되는 것을 머릿속에 그리며 마음이 부풀어 오름을 느낀다. 서로가 너무나 다른 모습으로 변해 있는 우리, 서로를 이해하기가 결코 쉽지 않은 우리, 그럼에도 불구하고 하나됨이 바로 하나님의 소원이지 않을까?

그 거대한 하나됨을 이루기 위해서는 먼저 가장 중요한 하나됨을 이루어야 한다. 그것은 거대한 하나됨을 이루는 가장 중요한 기초다. 민족의 하나됨을 이루기 위해 먼저 남편과 아내의 하나됨을 이루어야 한다.

하나님이 세상을 창조하실 때, 남편과 아내라는 가장 기본이 되는 관계를 만드시고, 그 위에 다른 관계들을 쌓아 가셨다. 가족도 부족도 사회도 민족도 그 모든 것이 남편과 아내의 부부라는 관계의 기초 위에 쌓여져 세상을 이루었다. 그 기초가 흔들리면 비가 내리고 홍수가 나고 바람이 불 때 그 위에 쌓여 있는 모든 것이 쉽게 무너진다. 그리스도의 거대한 몸의 하나됨을 위하여 나는 오늘도 남편과 하나되기를 힘쓴다.

여자를 향한 하나님의 뜻

편안한 집을 떠나 온 가족이 함께 열방을 향해 떠난 여정을 1년 반 동안 지나며 나는 또 하나의 감사함을 주님께 고백했다.

"하나님, 저를 여자로 태어나게 해주셔서 정말 감사합니다!"

지금껏 여자로 살면서 불평한 적도 없지만 그렇다고 감사한 적도 없었다. 그런데 지금 나의 입술은 하나님께 감사 고백을 하고 있다. 킹덤 패밀리 여정의 가장 큰 결실 중의 하나가 바로 이 감사의 고백인지도 모른다.

여자는 창조의 최종 걸작품이다. 여자가 만들어짐으로써 하나님의 창조가 완성되었다. 여자를 향해 하나님이 가지고 계신 기대를 우리가 어찌 다 헤아릴 수 있을까? 하나님은 역사에서 중요한 일을 하실 때 결코 여자를 간과하지 않으신다. 아니, 어쩌면 중요한 일을 시작하시기 전 그 누구보다도 먼저 당신의 뜻을 여자에게 알려 주시며 여자와 함께 당신의 일을 이루어 가시는 것 같다.

제사장 민족을 만들기 위해 하나님은 한 가정을 불러내셨다. 그 가정이 애굽에서 종살이하는 동안 그들은 거대한 민족으로 번성해 갔다. 드디어 때가 되자 애굽의 노예 생활을 끝내고 열방의 제사장 민족으로 부름받았다.

이 거대한 일을 감당할 하나님의 사람이 태어날 즈음, 사탄은 바로 왕 안에 있는 두려움을 이용하여 히브리 여인이 낳은 아기 중 사내아이를 죽이라는 끔찍한 명령을 내린다. 그때 모세의 어머니는 애굽 왕의 명령을 어기고 아기의 생명을 지켰다(히 11:23).

출애굽의 역사를 시작하기 전, 그 역사를 감당할 한 아기가 태어나기도 전에, 하나님께서는 한 여인에게 자신의 마음을 나누셨나 보다. 여인이 하나님의 역사에 자신을 드려 순종하기로 했을 때, 출애굽의 역사가 비로소 시작되었다. 한 여인의 순종으로 말이다.

하나님의 역사는 같은 방법으로 다시 반복되었다. 온 열방을 구원하는 역사를 당신의 독생자를 통하여 이루시려고 예수님이 태어나던 때에도 동일하게 나타나셨다.

메시아로 오시는 하나님의 독생자를 품을 한 여인을

찾기 위해 천사 가브리엘을 갈릴리 나사렛 동네로 보내셨다. 그리고 세상의 지혜로는 이해하기 힘든 하나님의 계획을 알려 주셨다. 드디어 한 유대 처녀가 그 계획에 순종하기로 결단했을 때 하나님은 온 인류를 구원하는 창조주의 역사를 시작하실 수 있었다.

> "마리아가 이르되 주의 여종이오니 말씀대로 내게 이루어지이다 하매 천사가 떠나가니라"(누가복음 1:38).

이제 남은 하나님의 또 하나의 큰 역사가 있다. 예수님이 다시 오시는 그 위대한 일을 시작하시기 전, 이 일이 세상 가운데 드러나기 전에 하나님께서는 또다시 순종하는 하나님의 딸을 찾기 위해 세상에 당신의 천사를 보내시지 않을까?

여자의 입에서 "예"라는 고백을 듣기 위하여 지금 이 순간도 여자들의 마음 문을 두드리신다. 그 순종하는 여인들의 입에서 흘러나오는 고백은 어느새 주님이 가르쳐 주신 기도로 이어진다.

"하늘에 계신 우리 아버지여

이름이 거룩히 여김을 받으시오며

나라가 임하오시며(Your KINGDOM come)

뜻이 하늘에서 이루어진 것같이

땅에서도 이루어지이다(Your WILL be done on earth)."

에필로그

선악과의 범죄로 말미암아 에덴에서 무너진 킹덤을 다시 회복하기 위해 성자 예수님이 이 땅에 오셨다. 모든 사명을 다 감당하고 하늘로 올라가시며 주님은 이 땅에 음부의 권세가 이기지 못하는 그리스도의 교회를 남겨 두셨다. 그리고 그 교회를 통하여 모든 민족에게 천국 복음을 전파하라는 사명을 주셨다.

주님의 사명을 그 누구보다도 생명을 다해 감당했던 사도 바울은 성령 안에서 한 비밀을 발견한다.

"그러므로 사람이 부모를 떠나 그의 아내와 합하여 그 둘이 한 육체가 될지니 이 비밀이 크도다 나는 그리스도와 교회에 대하여 말하노라"(에베소서 5:31-32).

예수님이 세우신 교회 안에는 부부의 모습이 있고, 부

부의 모습 안에는 땅끝까지 이르러 증인의 삶을 살아야 하는, 음부의 권세가 이기지 못하는 교회의 모습이 있다.

결혼하여 가정을 이루고, 교회를 섬기고, 사역하는 남편을 도우면서 그 모든 것이 하나님의 은혜인 것을 절감한다. 내가 부족하고 연약할지라도 때로는 무너졌을지라도 하나님은 그런 나를 통하여 당신의 일을 지체없이 행하셨다.

특히 우리 부부가 어려움 가운데 있었을 때에도 하나님은 그런 우리를 통하여 계획하셨던 일들을 이루시는 것을 경험하였다.

그러나 그 길이 때로는 매우 힘든 과정이었다. 주님은 수고하고 무거운 짐 진 자들을 불러 쉬게 하시기 원하시는데, 나는 왜 이리 힘들까? 주님이 주시는 멍에는 쉽고 짐은 가볍다고 했는데 나는 왜 이리 어렵고 무겁게 느껴질까?

하나님이 만드신 세상의 모든 관계의 첫 단계는 부부, 즉 남편과 아내로 시작되었다. 그런데 그 관계가 하나님의 질서 가운데 있지 않으니까 그 위에 얹어지는 모든 것이 무겁고 힘들었음을 깨닫는다.

음부의 권세가 이기지 못하는 능력 있는 교회는 말씀의 진리 가운데 하나됨을 이룬 부부에서부터 시작된다. 그래야 비가 내리고 창수가 나고 바람이 불어도 전혀 요동하지 않는 반석 위에 든든한 집을 세울 수 있다.

많은 시간과 노력을 가정에 기울여야 하는 여자로 살아가면서, 가정이 힘겹게 느껴졌던 적이 너무도 많다. 그런데 가정의 중심에 하나님의 킹덤이 있고, 가정 안에 그리스도의 교회가 있는 것을 알게 되자 나는 비로소 가정의 소중함을 전인격적으로 알게 되었다.

그 진리가 나의 삶을 자유하게 했고, 지금도 그 자유를 누리고 있다.

이 세상에서 생명을 가지고 살아가는 모든 사람은 누구나 할 것 없이 가정의 일원이다. 하나님이 만드신 가정이 무엇인지 올바로 드러날 때 가정에 속한 모든 사람들에게 회복이 일어나고 각자가 자유를 누릴 수 있다.

하나님께서는 가정을 하나님의 킹덤으로 회복하시기 위해 가정 안에 있는 한 사람, 남편의 정체성을 왕처럼 회복시키려고 하신다.

또한 가정 안에 그리스도의 교회가 있음을 드러내시려고 가정 안에 있는 또 한 사람, 아내를 불러 교회가 그리스도를 섬기듯 남편을 예수님처럼 섬기라고 하신다.

모든 아내들이 가정 안에서 킹의 정체성을 완성하는 킹덤 메이커가 되기를 소망한다.

가정 안에서 킹과 신부가 하나될 때, 그리고 마침내 하늘의 왕이신 주님과 이 땅의 신부인 교회가 하나될 때 하늘의 킹덤의 영광을 이 땅도 누리게 될 것이다.

KINGDOM FAMILY